超・品証へ品質コンプライアンス

その組織では不正を防げない

安岡孝司 著

現場の悩みに答えるQ&A 実践ガイド

日経BP

はじめに

品質コンプライアンスとは、モノ作りに関して法規や契約を守ることです。しかし法規を守るのは簡単なことではなく、品質不正への社会的注目度が高まってきました。品質マネジメントの関心は不正防止にシフトし、筆者も品質コンプライアンスの講演に招かれることが増えました。

講演先では率直な意見や質問を頂くことが多く、その問題意識はどの会社にも共通するものです。これを筆者と参加者だけの記憶にしまっておくのはもったいない話で、多くの会社で共有できるよう、Q&A形式にまとめたのが本書です。

本書のQ&Aは品質コンプライアンスの基本、全社的な課題、各部門別の課題、経営の課題などに分類して整理しました。本書の脱稿後に、自動車5社の認証不正が発覚したので、「トヨタの認証不正」を急きょ追加し、第0部として先頭に置きました。

品質コンプライアンスに取り組んでいる人は、いつも限界を感じているはずです。なぜなら経営陣を動かすことや職場の風土を変えることが難しいからです。本書の回答は誰もが既に気づいていることでしょうが、それを体系的に説明できることや、自分と同じ問題意識が他社にもあるという事実が、経営陣や現場を動かす強い力になります。

様々な質問への回答が場当たり的にならないように、いつも一つの軸を念頭に置いています。それは「企業活力を高め、品質コンプライアンスを向上させ、幸せな職場をつくる」というもので、どの会社の経営理念にも通じるはずです。

安岡孝司

目次

第2部 全社的な課題解決

第4章 人事ローテーションの活性化

第6章　パワハラ撲滅へ……167

第7章　職場マネジメントの課題解決……179

第3部 部門別の課題解決……193

第8章 開発・製造部門の課題解決……194

第9章 品質保証・検査部門の課題解決……209

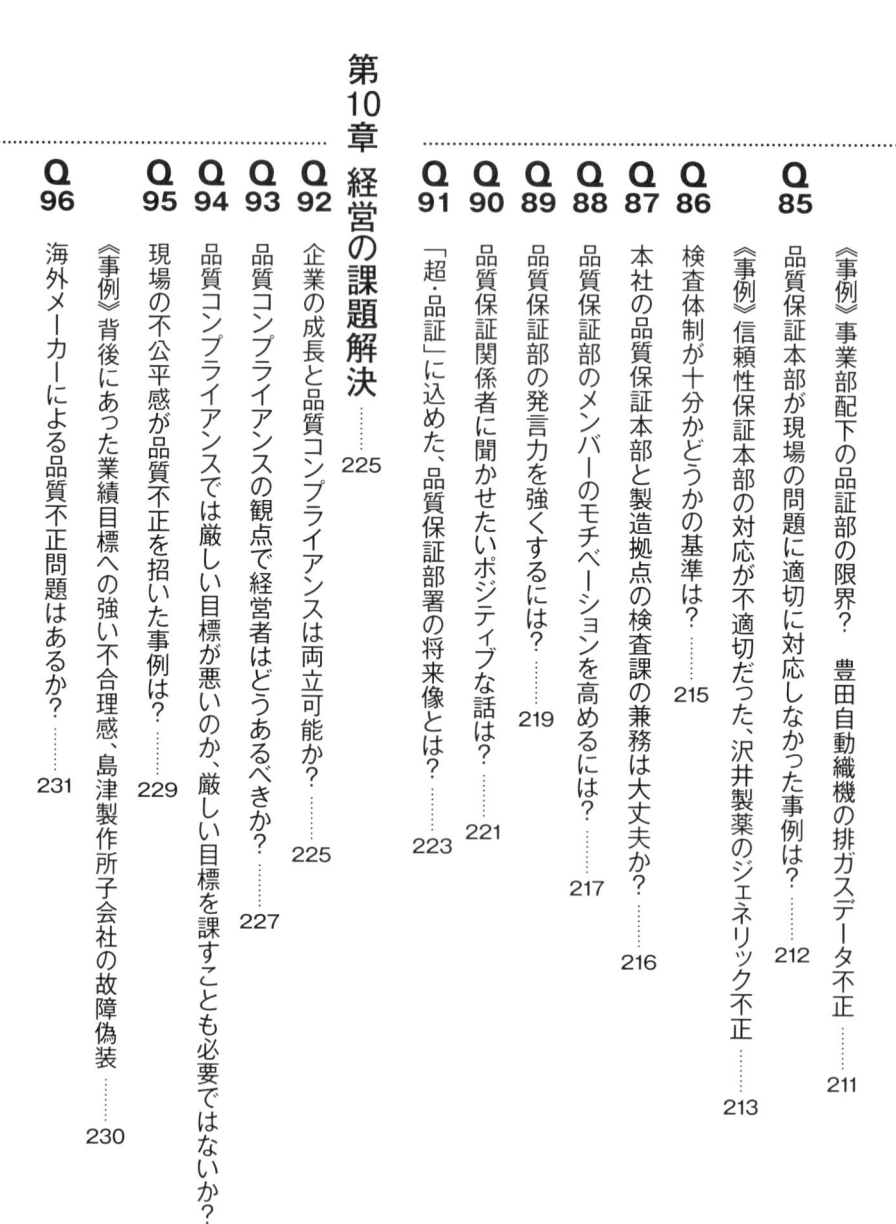

第13章 調査報告書を再発防止に生かすために……259

第**0**部

トヨタの認証不正

2024年6月、日本を代表する企業、トヨタ自動車の品質不正が明らかになりました。本書の執筆を終えていましたが、急きょ第0部として追加することに。同社の場合には、認証基準よりも厳しい試験を実施していたのに不正を問われたケースがあります。そこには、どんな問題が潜んでいるのでしょうか。

Q I

2024年6月のトヨタはじめ自動車メーカー5社の「型式指定」を巡る認証不正問題発覚の経緯は？

A ダイハツ工業の衝突安全試験不正（第1章Q7、第4章Q36参照）をきっかけに、国土交通省は自動車メーカー85社に対し型式指定申請での不正の有無に関する調査を指示しました。その結果、トヨタ自動車など5社で認証不正が発覚し、2024年6月3日に各社による記者会見が行われました。株主総会シーズン直前の公表は適切なタイミングと言えます。

国土交通省によると[1]、型式指定で不正があったのは、トヨタ、マツダ、ヤマハ発動機、ホンダ、スズキの5社の計38車種で、その概要を**図表I-1**にまとめます。本稿は、同年6月下旬に執筆していますが、本件の異例なところは、不正5社がまだ調査委員会を設置していないことです。これをメディアが疑問視していないことも不思議でなりません。

（1）国土交通省、型式指定申請における不正行為の有無等に関する自動車メーカー等の調査報告の結果等について、2024年6月3日。

■ **図表I-1** 自動車メーカー5社の認証不正の概要。(出所:国土交通省の資料を基に筆者作成)

会社名	車種数	不正行為の内容
トヨタ自動車	3	歩行者保護試験における虚偽データの提出等
	4*	衝突試験における試験車両の不正加工等
マツダ	2	出力試験におけるエンジン制御ソフトの書き換え
	3*	衝突試験における試験車両の不正加工
ヤマハ発動機	1	騒音試験における不適正な試験条件での実施
	2*	警音器試験における試験成績書の虚偽記載
ホンダ	22*	騒音試験における試験成績書の虚偽記載等
スズキ	1*	制動装置試験における試験成績書の虚偽記載

*:過去生産車

Q Ⅱ

自動車の認証基準とはどのようなものか？

A

自動車の型式認証制度とは、自動車メーカーが新型車の生産または販売を行う際、事前に国土交通大臣に申請または届け出を行い、保安基準への適合性等について審査を受ける制度です。型式認証制度には「型式指定制度」と「新型届出制度」の2通りがあり、大量生産車では型式指定制度が使われます。型式指定を得た車種は、メーカー内で1台ごとに完成検査をすれば販売できます。

型式指定の審査内容は、自動車型式指定規則第3条でひも付けられた「道路運送車両の保安基準」により安全性や排ガス、ライトなどに関する詳細な基準で構成されています。各基準の主要な項目はＵＮＥＣＥ（国際連合欧州経済委員会）のUN Regulations（Addenda to the 1958 Agreement）、いわゆる国連基準に従うこととされています。

ここでは、そのうちの衝突安全試験と歩行者頭部保護の基準について説明します。二つとも「○○±△」のような範囲指定の条件になっていて、認証担当者の裁量や属人性が入る余地は全くありません。

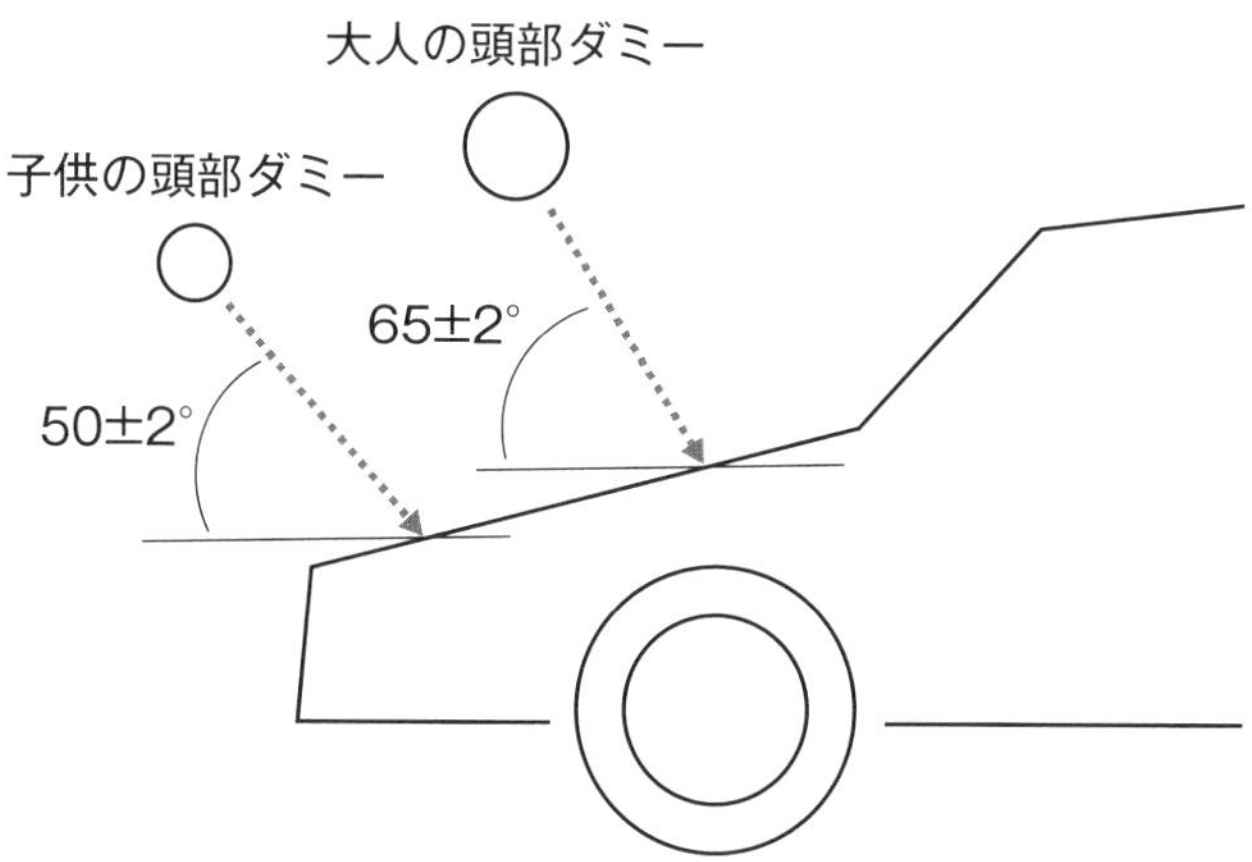

■ **図表Ⅱ-1** 歩行者の頭部保護試験の条件。（出所：国土交通省の資料及び国連基準を基に筆者作成）

衝突安全試験の基準

「衝突時等における燃料漏れ防止の技術基準」（同保安基準別添17）では、後面衝突時にインパクタを台車に載せて、停止状態の自動車に後ろから衝突させることとしています。この[1]インパクタと台車の総重量は１１００±20ｋｇ、台車の速度は50±２ｋｍ／ｈと定められています。

歩行者頭部保護の基準

「歩行者頭部及び脚部保護の技術基準」は、歩行者との事故時に歩行者の頭と脚を保護するための基準です。[2]頭の保護は頭部ダミーをボンネットに衝突させる試験によって、ボンネットの衝撃緩和性能を定めています。この基準の最新版は見つけにくいですが、現在は国連基準のUN Regulation No.127に従うことになっています。これによると、頭部ダミーの衝突速度は9・7±0・2m／s、発射角度は子供の頭部ダミーで50±2°、大人の頭部ダミーでは65±2°と定められています。**図表Ⅱ－1**で、この条件を簡易的に示しました。

Q Ⅲ トヨタは認証基準よりも厳しい試験を実施していたのに、それのどこが問題なのか？

A

この質問以降は、2024年6月3日の[1]トヨタ自動車の会見とその説明資料を基に考えます。なお、この会見にはトヨタのT会長とカスタマーファースト推進部のM本部

(1)「衝突時等における燃料漏れ防止の技術基準」の詳細については、「道路運送車両の保安基準」の中に示された「細目告示」「細目告示別添」を参照する。その内容は、「道路運送車両の保安基準の細目を定める告示」などで不定期に改正される。

(2)「歩行者頭部及び脚部保護の技術基準」の詳細については、「道路運送車両の保安基準」の中に示された「細目告示」「細目告示別添」を参照する。その内容は、「道路運送車両の保安基準の細目を定める告示」などで不定期に改正される。

長が出席していました。トヨタでは、7車種で6タイプの不正事案がありましたが、ここではそのうちの4タイプの不正について考えます。

後面衝突試験、ほとんどの車種は国内仕様でもやっているのに

衝突時等における燃料漏れ防止の技術基準では、後ろから衝突させる台車の重量は1100±20kgと定められていました(QⅡ参照)。これに対しトヨタでは「クラウン」と「シエンタ」の試験で北米基準の1800kgの台車を使っていたことが基準に違反していました。

M本部長は不正の原因として、「本当によいクルマをお客様に届けたいので、より厳しい条件でクルマを開発している」と説明しました。ただ、1800kgの台車で試験することがより厳しいかどうかについては、いろんな意見があるようです。筆者の素人考えとしては、1100kgの台車で試験しても、ほとんどのケースでは合格すると思います。だから問題ないと言うつもりはありません。

気になるのはトヨタに限らず、どのメーカーでも米国で販売する車種は北米向けに1800kgの台車、国内向けには1100kgの台車と、少なくとも2パターンの試験で開発をしていることです。トヨタだけがより厳しい条件で開発しているわけではありません。

この会見でトヨタは年間50モデルの認証業務を行ったと説明しました。つまり、ほとんどのモデルでは、国内仕様を満たすように試験していたのです。不正の原因を考える上で最も

重要なことは、なぜクラウンとシエンタの2車種だけは国内仕様に従わなかったのか、という点です。この点については説明がないため、今後調査委員会による調査が行われるのであれば注目したいところです。

歩行者保護試験、カローラだけが基準違反

歩行者の頭部保護に関しては、子供の頭部ダミーの発射角度は50°と定められているのに対し（QⅡ参照）、「カローラ」の衝突試験では65°で衝突させたことが基準違反となりました。トヨタは開発時に65°の条件で試験をしていて、その結果を認証申請に流用したとのことです。つまり、開発と認証の分離ができていないことが分かります。

この事案でもトヨタは、50°よりも65°のほうが厳しい試験条件だと説明しました。これは前述の後面衝突試験の指摘と同じですが、ほとんどの車種で基準に従った試験を行いながらなぜカローラで基準違反が起きたのか、を分析することが再発防止に重要です。

エアバッグのタイマー着火、実は基準よりも緩い？

第1章のQ7で説明しますが、ダイハツ工業の不正ではエアバッグシステムの開発が間に合わなかったためタイマー着火をさせていました。トヨタでもクラウンと「アイシス」の衝突試験で、エアバッグをタイマー着火させていましたが、M本部長は「アイシスの試験では認

証試験の基準よりも厳しい衝突条件をつくり出すために、タイマー着火を用いた」と説明しました。これでは、何が基準よりも厳しいのかが分かりません。

一方、クラウンについては、「開発試験の目的は、シートベルトとエアバッグによる乗員保護性能を確認すること。試作車で確実にエアバッグを展開させるために、タイマー着火という手法を用いた。エアバッグの自動着火性能は既存モデルで確認済である」と説明しています。

つまり、既存モデルでエアバッグの自動着火を確認済なので、追加車種ではタイマー着火によってエアバッグとシートベルトの乗員保護性能を確認した、という理屈です。ここで気になるのは、「試作車で確実にエアバッグを展開させるため」と説明している点。これは、「衝突時のエアバッグ展開が確実ではない」ことを意味します。そのリスクを避けるためにタイマー着火させたのなら、逆に「基準よりも緩い条件」での試験になります。

エンジンの出力試験不正、なぜ立ち止まれなかったのか

「レクサス」のエンジン出力の試験では狙った出力が出なかったため、コンピューター制御を調整して試験を行い、その結果を認証に使用していました。出力が出なかった原因は試験用の排気管の潰れとのことです。M本部長は、「本来なら立ち止まって原因究明して対策すべきだった」と説明しています。適切な設備で試験を実施していれば出力が出ていたかもしれ

ませんが、この事案が最も深刻と報じられています。

以上、トヨタは記者会見で「基準よりも厳しい試験をした」との印象を与えました。しかし、それは感覚的な説明にすぎず、全ての不正がそうだったわけでもありません。

（1）トヨタ自動車、『トヨタイムズ』、「トヨタ自動車、型式指定申請における調査結果を公表」、２０２４年6月3日、https://toyotatimes.jp/toyota_news/1060.html

QⅣ 会見でT会長が見直しに言及した現在の認証制度は、どこに問題があるのか？

A T会長の発言は、「後面衝突試験の北米基準は１８００kg、国内基準は１１００kgの台車を使う。世界で一番厳しい基準をクリアしたので、国内でも大丈夫だとなっているほうがシンプルでよい。自工会でまとめて、当局との議論のきっかけにしたい」という内容でした。

自動車の認証基準は国ごとに異なるので、これを共通化する動きは以前からあります。国際的な車両認証制度（IWVTA）は、他国の認証を互いに受け入れる相互承認の制度で、欧州を中心とした56カ国・1地域が参加し、日本も参加しています。IWVTAの認証基準には国連基準（UN Regulations）を使えることになっています。

しかし、北米、南米、アフリカ、アジアの多くの国は加盟していません。クルマのサイズや道路事情が似た国同士なら、相互承認しやすいのでしょう。道路が広くクルマが大きい米国と、道路が狭く小さなクルマが多い日本や欧州とでは、衝突安全の基準は相いれにくいはずです。

規制の共通化は既に行われていることや、国土交通省だけで決められる事案でもないことを考えると、今回の不正を議論のきっかけにしたいという話には違和感があります。

Q V

製造部などから独立した品質保証本部が機能しなかったのはなぜか?

A

トヨタ自動車[1]において、認証業務をどの部署が担当していたのかは分かりません。開発時のデータを認証用に流用していた点を見ると、開発と認証の分離ができていないか、認証担当者による開発試験へのチェックが甘かったと考えられます。認証業務に品質保証本部がどのように関わっていたかも分かりません。ほとんどのメーカーの品質保証本部は製造プロセスの監視だけでも手いっぱいで、開発プロセスまでは十分監視できていないのではないでしょうか。

実は、もっと気になることがあります。QⅨで説明しますが、マツダは法規を手順書に落とし込み、その手順書に基づいて認証業務を行っているとのことです。一方、トヨタはT会長が「認証作業が曖昧で属人的、これといったルールがない」と説明しました。筆者は、これを聞いて本当にそうなのかと唖然《あぜん》としましたが、M本部長が説明を加えなかったので、かなり正しいか、二人とも認識が曖昧かのどちらかではないかと推察します。

T会長の説明を信用するなら、トヨタは製造部署の第1ライン(第2章Q19参照)が崩壊していることになります。さらに言えば、品質保証本部(第2ライン)の機能を議論するレベルに至っていないと考えられます。

（1）トヨタ自動車、品質管理体制について、https://www.toyota.co.jp/pages/contents/jpn/investors/library/annual/pdf/2010/p03_05.pdf

Q VI 従業員が匿名で不正を告発できる「スピークアップ窓口」から、今回の不正が上がらなかったのはなぜか？

A トヨタ自動車のスピークアップポリシー[1]は、「メンバーが職場での不正やその疑いに気付いた場合、それらを相談・報告する（スピークアップする）ことを推奨」するものです。メンバーの役割としては、

- 相談・報告する際、事実を完全に把握している必要はなく、不正が実際に発生したことを確かめる必要もない。たとえ不確実であっても、その懸念や疑問を相談・報告し、会社が迅速に対応できるようにすることが重要

とされています。一方、上司の役割としては、「懸念や疑問の相談・報告を受けた場合、傾聴し、迅速に行動」した上で、

●会社のために勇気をもって相談・報告してくれたことに感謝を示す
●全ての相談・報告を真摯に受け止め、迅速に対応することを約束する

ことなどを求めています。これ以上ないほど優れたポリシーだと思います。しかし、ＱＶで触れたように、認証業務が曖昧で、ルールがないのであれば、認証担当者は不正に気づかずに仕事していることになります。

翻って、Ｔ会長は業務の標準化を進めたいとのことですが、それ以前に、認証作業を行うためのよりどころ（マツダの手順書に相当するもの）を用意することが必要ではないでしょうか。トヨタに手順書があってもおかしくないと思いますが、Ｔ会長の認識・説明が曖昧なのか、現場が曖昧な仕事をしているのか、真相は分かりません。

（1）トヨタ自動車、トヨタスピークアップポリシー、https://global.toyota/pages/global_toyota/company/vision-and-philosophy/jp_Toyota_Global_Speakup_Policy.pdf

Q Ⅶ トヨタの取締役は10人中4人が社外取締役だが、なぜ機能しなかったのか？

A

トヨタ自動車は、２０２３年３月期の「有価証券報告書」[1]の中で、「経営方針、経営環境及び対処すべき課題等」として「日野自動車（株）およびダイハツ工業（株）の認証不正問題について」触れ、「本件の当社グループのクルマづくりのオペレーション上の問題については、執行トップである社長が責任をもって改善に取り組み、ガバナンスやコンプライアンスに関する部分は、会長が責任をもって取り組んでまいります」としています。

ダイハツ不正の会見から垣間見える、トヨタのガバナンス機能不全

しかし、完全子会社であるダイハツの衝突試験不正に関する２０２３年12月20日の会見には、その責任者が不在でした。T会長はタイで行われたカーレースに参加するため、国内にいなかったからです。

ダイハツの不正はコンプライアンス事案なので、発表の日取りは責任者がコントロールできるはず。わざわざ責任者がいない日に発表することに対して、トヨタの経営陣には異議を唱える人がいなかったのでしょうか。このことから、ガバナンスの機能不全が疑われても仕

方ありません。

高額報酬が惜しくて言うべきことが言えない？　社外取締役

東京証券取引所が2022年4月から導入した新市場区分のうち、最上位の市場であるプライム市場の企業には、3分の1以上の社外取締役の設置が義務付けられ、過半数以上の社外取締役の設置が推奨されています。[1] トヨタの有価証券報告書によると、2023年度の取締役は10人で、そのうち4人が社外取締役なので、過半数には足りません。第10章のQ96で説明しますが、TOPIX（東証株価指数）100社の社外取締役比率の平均は2022年時点で48・2%だったので、トヨタの社外取締役の割合は1年前の国内平均よりも低いことになります。

取締役会は現場の業務執行を監督する立場です。従って、取締役は執行役員を兼務しないほうが、業務の暴走を防止しやすいとされ、このことは「経営と執行の分離」として知られています。しかし、トヨタの場合には6人の社内取締役のうち4人が執行役員を兼務しているため、業務執行の監督が効きにくい体制だと言えます。つまり、経営が利益重視に走りやすい体制なのです。

この体制が続いている原因の一つとして、社外取締役による監視が効いていないことが考えられます。筆者は、社外役員の独立性と実効性を測るチェックポイントを拙著[2]の中で幾つか提言しています。例えば、以下があります。

①同一企業（グループ）から継続的に社外役員が派遣されていないか
②特定の企業から固定的に派遣されている社外役員を他の社外取締役が容認していないか
③役員の人事・報酬の決定に社外取締役が主導的な役割を果たしているか

①に関して言えば、社外取締役の一人はトヨタの大株主である三井住友銀行から継続的に派遣されています。これは、トヨタと三井住友銀行の良好かつ固定的な関係の表れと見られ、トヨタと独立な立場の社外取締役として機能しているかが疑われるところです。また、社外監査役の一人は1997年から元検事総長の固定ポストになっています。

②のチェックポイントで考えると、トヨタでは独立性の低い社外役員に対して他の社外役員が疑問を呈していないように見受けられます。

ガバナンスの肝は、役員の人事と報酬を誰が決めるかで、これが③のチェックポイントです。トヨタは役員人事案策定会議で役員指名が行われ、報酬案策定会議で役員報酬が決定されています。これらの策定会議は2人の社内取締役と、4人の社外取締役で構成されているので、社外取締役の監視が効いているように見えます。しかし、二つの会議の議長は代表取締役の副会長なので、社外取締役が主導しているとは言えない状況です。**図表Ⅶ-1**にこの体制を表してみました。

プライム市場のメジャーな会社の社外取締役の報酬は1500万円前後ですが、トヨタの社外取締役の報酬は5000万円近くあります。「高額すぎる報酬を逃すのが惜しくて言うべきことが言えない」と指摘する声もあります。総合的に見て、トヨタは取締役会の健全性や透明性に欠ける体制なので、社外取締役が機能しにくいと考えられます。

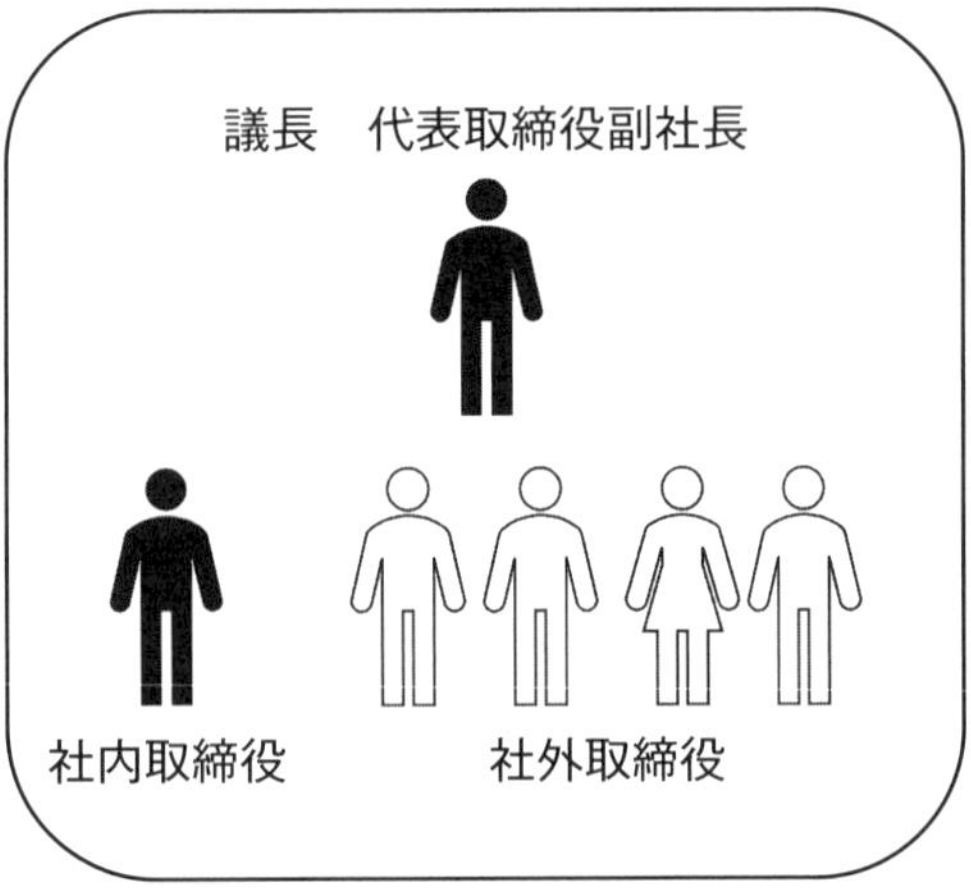

■ **図表Ⅶ-1** トヨタの役員人事案策定会議と報酬案策定会議の体制。（出所：筆者）

（1）トヨタ自動車、有価証券報告書、2023年3月期.

（2）安岡、『企業不正の調査報告書を読む ESGの時代に生き残るガバナンスとリスクマネジメント』、9章2節-3節、日経BP、2020年12月.

QⅧ T会長が会見で語った「不正の撲滅は無理だと思う」という発言が示唆するものは？

A T会長はこの発言に続けて、「故意の不正はゼロにし、知らずにやるとか良かれと思ってやる間違いは起こり得る」と語りました。間違いは必ず起き得るという意味で不正の撲滅は無理との趣旨だと思います。

これは、担当者レベル、すなわち第1ライン（第2章Q19参照）のミスをなくすことは無理という意味でもあります。だからこそ、第2ライン、第3ラインがあるはずなのですが、組織論的にどうあるべきかという話がありません。そして、「不正の原因が現場にある」との前提に立ち、下流の話だけに偏っているように聞こえます。

T会長は、「社内で不正の撲滅というようなことは言っていない。間違いや問題が起きたら、事実を確認してしっかり直す」とも話しました。これは品質コンプライアンスの基本にかなっていますが、現場の話だけで経営の姿勢が見えてきません。

グループ3社の不正に続いて本丸のトヨタで不正が発覚したことに関して、T会長は「グループタス、おまえもかという感じ」と答えました。トヨタ外部の人がトヨタのコンプライアンスの責任者（会長）に裏切られたというのなら分かります。しかし、不正の責任者が人ごとのように話したことに、唖然とした人は多いはずです。しかも、経営者が業務執行に関して裏切られたと話したことは、「自分が従業員に裏切られた」と言うことと同じです。この言葉からも、不正の原因が現場にあると見ているように映ります。それだけに、トヨタの従業員は会長の言葉をどう感じたかが気になります。

重要なことは、上流側、つまり経営や職場マネジメントに問題がないかを見直すことですが、それが欠けているように見えます。

Q IX 同じような不正があったトヨタとマツダの会見で明らかになった両社の違いとは?

A

マツダでも認証不正があり、トヨタ自動車と同じ2024年6月3日に記者会見を行いました。マツダのケースは次の2件で、どちらも改良モデルでの不正です。

①「アテンザ」「アクセラ」などの前面衝突試験で、エアバッグを自然起爆させるところを、外部装置を用いて指定時間に起爆させた。エアバッグの起爆はフルモデルチェンジのと

きに確認済みなので、シートベルトなどの機能の確認で、より精緻なデータを取るため、指定時間に起爆させた

②「ロードスターRF」「MAZDA2」のガソリンエンジンの出力試験で、点火時期補正機能の一部を停止させて試験した。実際の走行時には風を受けるが、試験では風がなく周辺温度が上がってセンサーが働いたため、そのセンサーを停止させて試験した

①はトヨタのエアバッグの件とほぼ同じで、②もトヨタのレクサスのケースに似ています。そこで、同じような不正に陥ったトヨタとマツダ両社の会見を比較すると、重要な気づきが得られます。

まず、マツダは会見の冒頭で、どのような体制・期間・方法で社内調査を行ったかを説明しました。これは社内調査の信頼性を示すための基本ですが、トヨタにはこの説明がありませんでした。

①の衝突試験の不正に関して、マツダは「再試験を行って法規の基準を満たすことを確認したので、安心して使える」と説明しています。トヨタは「より厳しい条件で試験していたので大丈夫」との説明だけでした。この点でも、マツダのほうがユーザーのための行動を取ったことが分かります。

不正の原因についてマツダは次のように説明しています。「手順書に書かれていない部分を

担当者が解釈して行った。手順書を内部統制でチェックできなかった」「再発防止のために担当者が安心して仕事ができるように、手順書の曖昧なところを法規に合わせていく」。

一方、トヨタは、「認証の仕事は曖昧なところがあり、属人化している。恐らく全メーカーで独自の解釈でやっている」と説明しました。「手順書が曖昧か」「認証業務が曖昧か」では、原因分析や再発防止に関わる説明力がずいぶん違ってきます。マツダが言う「手順書が曖昧」なら、手順書を作る部署に原因があり内部統制の不備だと分かるので、再発防止策の見通しがよくなります。しかしトヨタの「認証業務が曖昧で、全メーカーも同じ」という説明は、マツダの状況を鑑みても、根拠が欠けていることになります。

マツダの会見でも、「認証業務が複雑すぎることで、開発期間・コストでマイナス面があるのではないか」というひっかけ問題のような質問がありました。会見に出席したM社長は、「問題になったクルマはグローバルモデルなので、各国の法令プロセスに従って試験を行うことが責務」と答え、法令見直しには言及していません。

さらに、経営トップの姿勢も対照的です。トヨタのT会長は「ブルータス、おまえもか」と従業員に裏切られた立場ですが、マツダのM社長は「経営の責任を重く受け止める」としています。

品質不正の記者会見ではユーザーを安心させ、投資家の信頼を得ることが重要です。トヨタは、トップメーカーとして業界での発言力が強いことを示したかったのかもしれません

■ 図表Ⅸ-1　不正会見で明らかになったトヨタとマツダの違い。(出所：筆者)

	トヨタ自動車	マツダ
社内調査方法の説明	なし	体制・期間・方法を説明
エアバッグの安全性	より厳しい条件で検査していたので安心	再試験で基準を満たすことを確認
認証業務の進め方	曖昧で属人的、ルールはない	手順書に基づく
原因	認証業務が曖昧で属人化している	手順書に曖昧なところがある
再発防止	認証業務を標準化する	手順書を法規に合わせる
認証業務の複雑なことについて	厳しい米国基準をクリアすれば、「国内でも大丈夫だ」となっているほうがよい	クルマはグローバルモデルなので、各国の法令プロセスに従って試験を行うことが責務である
経営トップのコメント	ブルータス、おまえもか(従業員に裏切られた)	経営の責任を重く受け止める

が、多くのメディアはトヨタのおごりを指摘しています。以上、2社の会見の違いを**図表Ⅸ-1**にまとめました。

Q x 今回の認証不正問題から得られる教訓とは?

A 認証業務の不正防止策については、マツダが実効的な方法を策定できると思います。国内メーカーの競争力を高めるためにも、マツダには再発防止策の公表を期待しています。

トップメーカーはスケールメリットを生かせるので、製品開発で競争有利です。そのため、トップメーカーは品質不正リスクが小さいと期待する機関投資家が多少なりともいます。今回の認証不正の特徴は、売り上げと収益で独り勝ちしているトヨタで、開発コストを省く不正が起きたことです。

トップメーカーであってもガバナンス体制の構築が遅れていれば、品質コンプライアンスは経営者次第です。投資家は業績を重視するだけではなく、ガバナンスの透明性を冷静に評価しなければならなくなったことが、今回の最大の教訓です。

経営者向けの教訓もあります。会見で曖昧な説明をしたり、おごりと受け取られるような話をしたりすると、信頼回復が遅れるということです。加えて、経営陣は現場からも信頼されなくなります。タテ社会の日本では親分の潔さが何よりも重んじられているからです。

第1部

品質コンプライアンスの基礎

品質コンプライアンスとは、モノの品質に関して法規や顧客との契約を順守することです。品質不正は、これができていないことが問題化したもので、どのメーカーでも頭を悩ませている問題です。品質管理をどれだけ努力しても、不正行為によって品質管理はいとも簡単に蹂躙《じゅうりん》されるからです。

第1章　品質不正に陥る原因

Q01 品質不正にはどんなパターンがあるのか？

A

これまでに起きた品質不正のパターンを、モノ作りの開発・生産・保守までの流れに沿って**図表1-1**にまとめました。

製品の開発・設計段階の不正としては性能偽装や認証不正が起きています。量産段階では検査不正が多く、その内容は検査結果の改ざん、検査の手抜き、無資格検査などです。食品産地の偽装表示も、量産段階の不正に分類できます。建築・土木などの一点モノでは、違法施工や手抜き工事などが起きています。販売・保守・サービスの段階では、故障偽装やリコール隠し、消費期限の偽装表示などがあります。

これらの事例を振り返ると、大きなトレンドがあるように感じます。昔は当たり前のように行われていたことが社会問題化し、同じような不正が許されなくなったということかと思います。もちろん個々の企業が他社の不正事案を他山の石とすべく対策を進めた成果とし

■ **図表1-1** 品質不正の主なパターン。(出所：筆者)

開発・設計段階	性能偽装、認証不正	
量産段階	検査不正	検査結果の改ざん 検査の手抜き 無資格検査
	偽装表示	
一点モノ（建築・土木）	違法施工、手抜き工事	
販売・保守・サービス	故障偽装、リコール隠し、偽装表示	

て、同じ形態の品質不正が減ったことも確かだと思います。

品質不正が起きる原因や背景については、これまでにも多くの議論が行われてきました。本書の第1部では、筆者がこれまで考えてきたことを、3冊の拙著『企業不正の研究』[1]、『企業不正の調査報告書を読む』[2]、『ストップ品質不正』[3]に基づいて整理します。

(1) 安岡、『企業不正の研究 リスクマネジメントがなぜ機能しないのか?』、日経BP、2018年3月.
(2) 安岡、『企業不正の調査報告書を読む ESGの時代に生き残るガバナンスとリスクマネジメント』、日経BP、2020年12月.
(3) 安岡、『製造現場を守る7箇条 ストップ品質不正』、日経BP、2022年6月.

Q02 品質不正はどんなときに起きるのか、分析モデル「不正トライアングル」とは？

A 「（クレッシーの）不正トライアングル」とは、米国の犯罪学者ドナルド・R・クレッシーが提唱し、会計学者W・スティーブ・アルブレヒトが体系化した不正分析のモデルです。このモデルは「動機」「機会」「正当化」の3要素がそろったときに不正が起きるという考え方で、**図表2-1**で表されます。

品質不正の調査では、不正トライアングルに沿って原因分析が行われるのが一般的です。そして不正に関わった担当者の行動が調査され、

①動機：業務目標の達成
②機会：不正が可能な仕組みになっている
③正当化：会社の利益になる

ほとんどのケースで、このような結果になります。

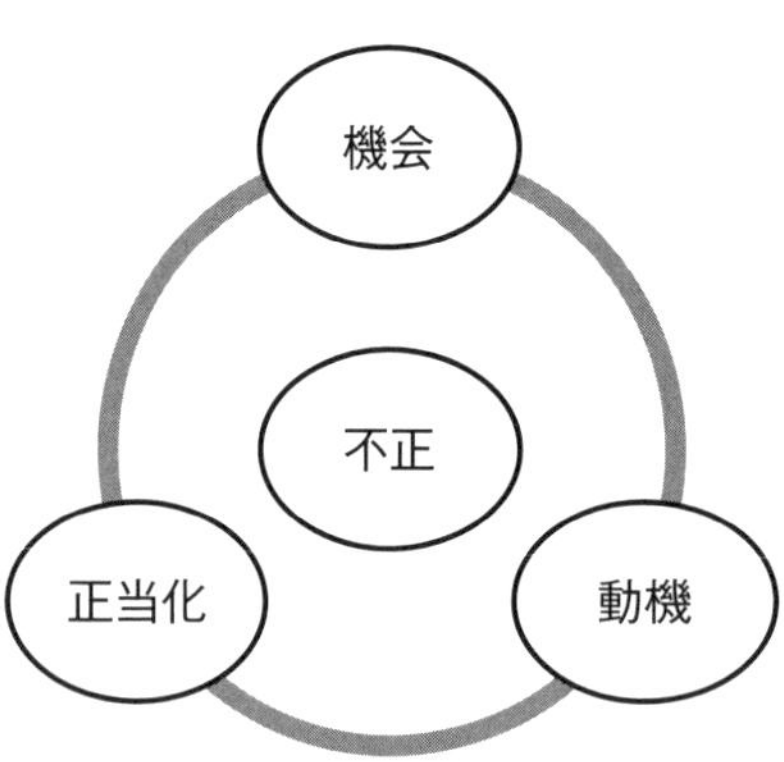

■ **図表2-1**　不正のトライアングル。（出所：W・スティーブ・アルブレヒトの資料を基に筆者作成）

Q03 不正トライアングルに盲点はないか？

A

品質不正の調査報告書を読み、その原因分析から学べるところは非常にたくさんあります。しかし担当者中心の調査と原因分析では、トカゲの尻尾切りのような内容になりがちです。不正トライアングルに潜む盲点とは、現場中心の調査だけの調査報告書でも、十分に調査したかのように見えてしまうことです。

現場中心の調査では中立性が欠けます。そんな偏った調査から導かれた再発防止策では、現場に不公平感が残ります。例えば検査不正のケースでは、製品の品質不備は検査部署の責任ではないのに、なぜ検査担当者が自分の利益にもならない不正を行ったのかが解明されないからです。実効的な再発防止策を立てるためには、経営陣から担当者に至る指示系統のどこに無理があったかを調査することが必要です。

Q04 現場が品質不正に陥るのはなぜか？

A 現場が品質不正に陥る理由は、そのパターンによって様々です。中でも、開発段階での性能偽装のケースの多くは、経営陣の問題が大きいと言えます。その典型がトヨタ自動車グループの中の3社（日野自動車、ダイハツ工業、豊田自動織機）の性能偽装のケースです。3社の不正の内容については後で詳しく説明しますが、性能偽装の最大の原因は、3社共に無理な開発日程にありました。

新型車の開発日程は重要な経営課題なので、現場だけの判断で決められるものではなく、経営方針として決まるものです。開発が困難で期日に遅れそうなとき、担当者が開発日程を守るべきか法規を守るべきかをてんびんに掛け、性能偽装に走るのはなぜでしょうか。それは経営陣が開発日程の見直しを許さないからです。

つまり、不正の原因は従業員に開発日程を厳守させる経営姿勢です。もちろんこれは経営陣の問題だけともいえず、その背景には取引先の意向やライバル社との競争があります。しかし困難な課題解決を現場任せにするのは経営の怠慢と言えます。このような経営陣のやり方には品質リスクの懸念があるはずですが、そのリスクをコントロールできないのは社外取締役や監査役が十分機能していないと考えられます。従って、ガバナンスの機能不全も疑われます。

もちろん、不都合なことを経営陣に伝えられない管理職の在り方にも問題があります。こうした管理職は経営陣に気に入ってもらって、自分の評価を上げたいと考えています。このような会社でコンプライアンス研修をいくらやっても、効果を期待できません。

経営の無理な圧力やガバナンスの機能不全、言うべきことが言えない管理職の問題は品質不正の原因でもあります。

Q05 品質不正のメカニズムは？

A

筆者が提唱する「不正構造仮説」[1]は、企業不正の原因を、会社内の最上流から捉えて次の2点を不正の原因と考えるモデルです。

- 経営から現場への無理な圧力・指示に対して、現場が組織防衛のために不正に走る
- 内部統制の不備によって不正が実行可能になる

ここで「経営の無理な圧力」とは、売り上げ目標の必達や困難な性能目標の必達という圧力や指示のことです。目標が〝厳しい〟のはどの会社でも同じですが、それを現場任せにすると〝無理〟な目標に変わることがあります。Q4で述べたように、開発期日を絶対視させる経営下では、厳しい目標が無理な目標に変わりやすいのです。

「組織防衛」とは部署レベルでの保身のことです。業績の悪い部署は業績評価が低くなり、場合によっては縮小・廃止されるので、部署を守るために不正行為によって目標を達成したかのように見せかけることがあります。加えて、組織防衛は個人的な保身も意味しています。

図表5-1はこの仮説に基づいて、検査不正のメカニズムをまとめたものです。このモデルに従えば、担当者や現場の原因分析だけでは、不正の真因を捉えていないことになります。不正構造仮説は、現場のみが調査されがちな調査報告書の、書かれていない部分に気づくための重要なヒントになるのです。

（1）安岡、『企業不正の調査報告書を読む ESGの時代に生き残るガバナンスとリスクマネジメント』、日経BP、2020年12月.

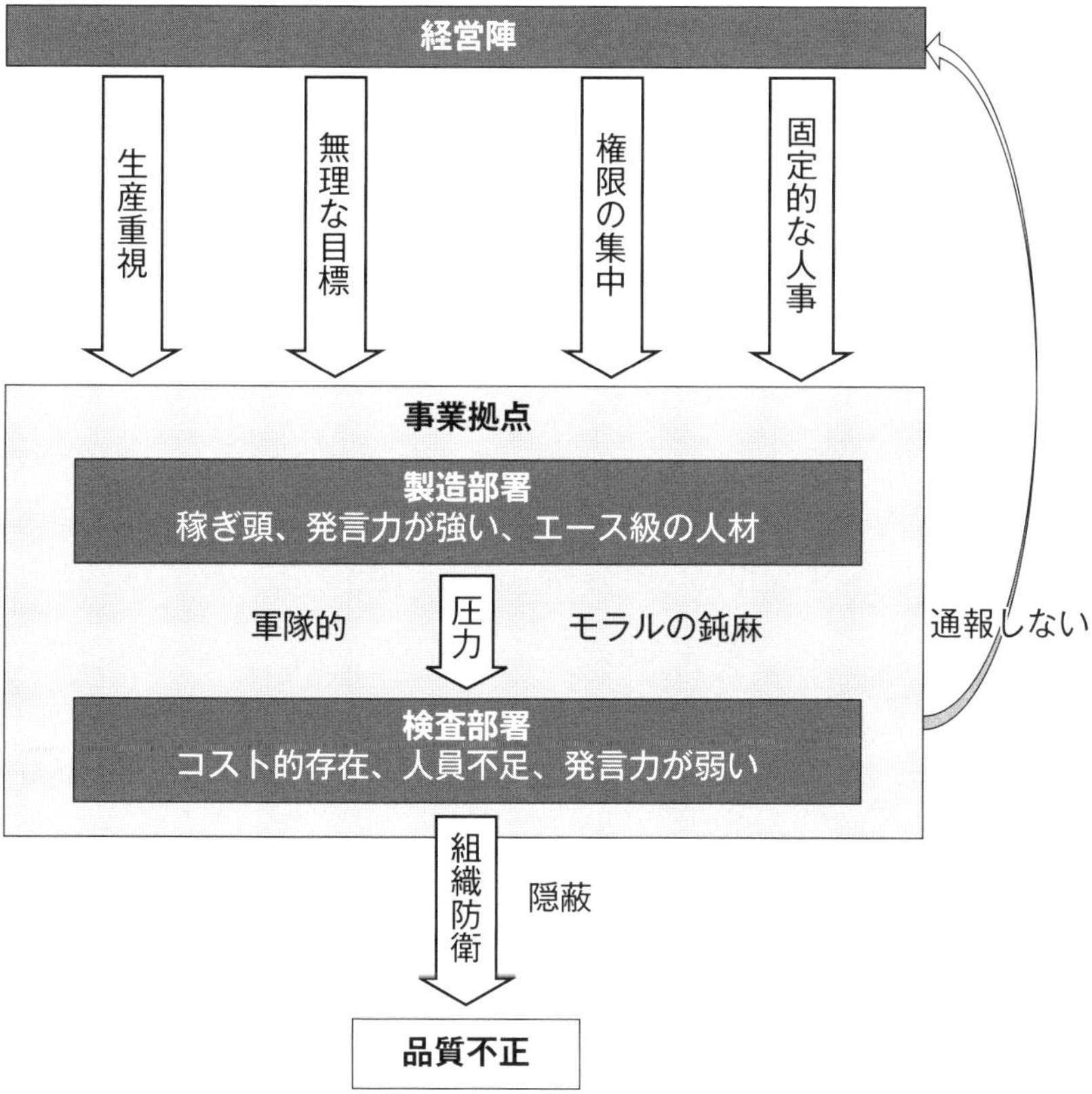

■ **図表5-1**　検査不正のメカニズムを示す「不正構造仮説」。（出所：筆者）

Q06 現場の管理職が品質不正を引き起こすのはなぜか？

A

不正の原因は経営陣だけではなく、現場にもあります。管理職が経営の圧力よりも強い圧力を担当者にかけることがあるからです。典型が、経営陣が各部署に売り上げ目標を割り当てたとき、その売り上げ目標を各部署で担当者のノルマとして義務化させるケースです。ノルマは売り上げや利益だけではありません。性能や生産量、日程などもノルマになり得ます。

目標がノルマ（義務）に変質する状況は、経営圧力が管理職によってさらに〝増幅〟されたことを示します。その原因は、管理職の保身や出世競争によるものです。この状況を「経営圧力の現場増幅」[1]と言います。

ノルマを課すこと自体は違法ではないとしても、ノルマをクリアできないときに性能偽装や検査不正が起きやすくなります。つまり、経営圧力の現場増幅は不正の原因になるのです。**図表6-1**はこのメ

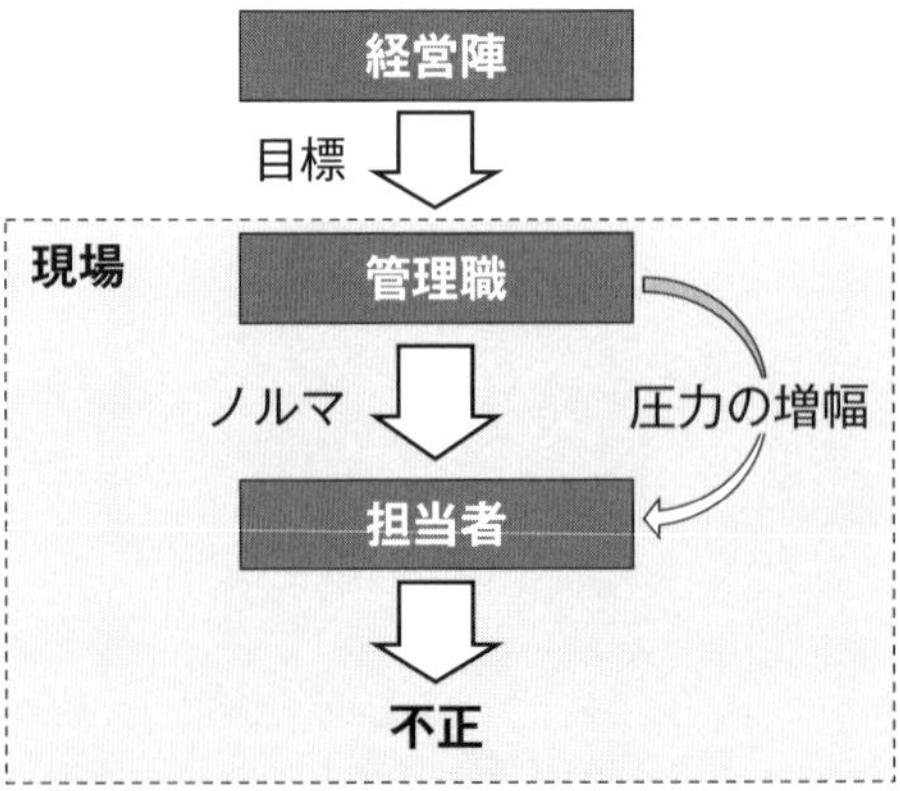

■ **図表6-1**　経営圧力の現場増幅。（出所：筆者）

カニズムをモデル化したものです。

(1) 安岡、『製造現場を守る7箇条 ストップ品質不正』、日経BP、2022年6月.

Q07 調査報告書は信用できるか、調査発注者免責の法則とは何か?

A 品質不正が起きた企業が調査委員会を設置する目的は、不正の原因を解明し、再発防止策を立て、問題企業の信頼回復を図ることです。これは社会が不正企業に期待することですが、実際には調査の体裁を繕っているだけの調査報告書が少なくありません。

例えば品質不正の場合、調査報告書では不正事案(製品)が確定されています。これは顧客対応のためなので、この部分についてはおおむね信用できると思います。問題は、役員や幹部の責任に関する部分です。

実は、調査報告書にはもう一つの隠された目的があります。それは取締役や監査役を守ることです。不正発覚によって株価が下がると、株主代表訴訟が起きることがあります。その裁判で負けると、役員が損害賠償金を個人で支払わなければなりません。金銭的な負担は役員向けの賠償責任保険で免れることができますが、次の株主総会で役員候補になれないかもしれませんし、仮に役員候補になれたとしても株主総会で信任されるとは限りません。それを避けるために、役員の責任が問われないような調査報告書になっていると考えられます。

経営陣に配慮した調査になる理由は、調査業務が調査業者（法律事務所、会計事務所など）による営利ビジネスだからです。調査業者にとって不正企業の経営者は重要なクライアントですから、クライアントの不利益になる調査が行われないのは自明の理と言えます。これを[1]「調査発注者免責の法則」と言います。

その結果、調査報告書では担当者の不正行動を詳しく調査する半面、取締役の言動については概念的な書き方になる傾向があります。そして、監査役や社外役員が不正防止に機能していたかどうかまでは触れないケースがほとんどです。Ｑ５で説明した不正構造仮説に立てば不正の源流は経営陣にあるので、不正の源流の人が発注する調査では真因に迫れないのです。このような調査報告書で済ませることは違法ではなく、自由経済下での不正企業の権利でもあります。

問題があるとするなら、現場よりも、経営陣に有利な調査が行われている点。なぜなら、中立性が損なわれているからです。例えば投資家は不正企業の信頼回復や役員の適格性をチェックする立場なので、調査報告書を念入りに読む必要があります。その際、調査発注者免責の法則や不正構造仮説は、中立性が疑われる調査報告書をうのみしないためのヒントになります。

ここで、問題企業への忖度《そんたく》が疑われる調査報告書の例を紹介しましょう。

《事例》ダイハツの衝突試験不正に見る、調査報告書の不自然な書き方

ダイハツ工業では2023年4月、自動車の衝突安全試験での不正が発覚し、同社で開発した全車種が販売停止になりました。同社は有名な自動車メーカーですが、トヨタ自動車の100%子会社で非上場です。不正のあった車種の中にはトヨタやSUBARU、マツダにOEM（相手先ブランドによる生産）供給しているものもありました。

調査報告書によると、(2) 複数の車種で「エアバッグのタイマー着火」や「試験速度の改ざん」などの不正が行われていました。自動車の側面衝突試験では、衝突時にエアバッグが作動するかを確認する試験があります。エアバッグのタイマー着火による不正とは、エアバッグをタイマーで作動させ、その試験結果を使って認証申請したことです。理由は、エアバッグを作動させるシステムがまだできてなく、そのシステムができるのを待つと開発日程が遅れるからです。これでは安全試験の意味がありません。

一方、試験速度の改ざんによる不正は、ブレーキの性能試験で初速度が規定不足だったのに、再試験を実施する時間の余裕がなかったため、試験成績書の初速度欄に虚偽記載をして認証申請したというものです。安全性の観点ではどれくらい速度不足だったかが気になりますが、1車種のみ数値が記されていて、初速毎時48・6kmだったのを同49・6kmと虚偽記載していました。

ほとんどの人は「これなら誤差レベルなので大した問題ではない」と思うのではないでしょうか。それだけに、調査報告書による印象操作が疑われるのです。なぜなら、これ以外の車種では時速何kmで試験したのかが、全く書かれていないからです。「初速が遅すぎて報告書に書けなかったのでは……」と、ダイハツへの忖度が疑われるところです。

このような不自然な書き方は本件に限ったことではなく、よくあるやり方です。筆者は「調査報告書の書かれていない部分に真実がある」というスタンスで、調査報告書の公正性をチェックしています。

（1）安岡『企業不正の調査報告書を読むESGの時代に生き残るガバナンスとリスクマネジメント』、日経BP、2020年12月.
（2）ダイハツ工業第三者委員会、調査報告書、2023年12月20日.

Q 08 検査不正の背景にある部署間格差とは?

A 品質不正の背景には経営の問題だけではなく、現場の風土の問題もあります。特に検査不正では、部署間格差が深刻な背景になっています。

検査不正の典型的なパターンは検査結果の改ざんで、製品に不備があっても検査で合格にして出荷可能にしてしまうものです。製品の不備は製造部署の責任なのに、なぜ検査員は不本意な不正をするのでしょうか。もちろん検査員の私欲のためではないことは明らかです。

この疑問に立って検査不正の調査報告書を読むと、製造部署からの圧力によって検査不正をせざるを得ない事情が見られるときがあります。つまり、稼ぎ頭として立場の強い製造部署と、コストと見られて立場の弱い検査部署という力関係の下で、検査部署が「駄目なものを駄目」と言えない状況に置かれているのです。

製造部署と検査部署と比較すると、前者のほうには優秀な人が配属されることが多く、最新鋭の設備もあります。これは表立って言われていることではなく、検査部署の関係者には失礼な話になりますが、筆者は今までどの会社でもこの見方を否定されたことがありません。また検査部署の設備は古かったり足りなかったりすることもあります。このように、製造部署と検査部署には経営資源の配分格差があるのです。

製造部署に所属している人は収益貢献の実績が分かりやすいので、業績評価で有利、つまり製造部署は出世コースと言えます。これに対し検査部署は、その反対が多いのではないでしょうか。つまり、製造部署と検査部署にはキャリア格差もあるのです。

問題なのは、検査部署の人がずっとそこに配属されたままで、出世しにくいことです。これによって部署間格差は固定化されるだけではなく、拡大していきます。このような会社では、検査部署の長には製造部署の人が就きます。検査部署にとって製造部署の人は将来の上司になる人ですから、自然と製造部署の人に忖度するようになります。つまり、キャリア格差は発言力格差を生んでしまうのです。

製品の品質に不備があるとき、検査部署が「駄目なものを駄目」と言えないのはまさに発言力格差の現れにほかなりません。この格差は、品質コンプライアンスの重大な障害なのです。

発言力格差は、部署間の様々な格差が複合的に

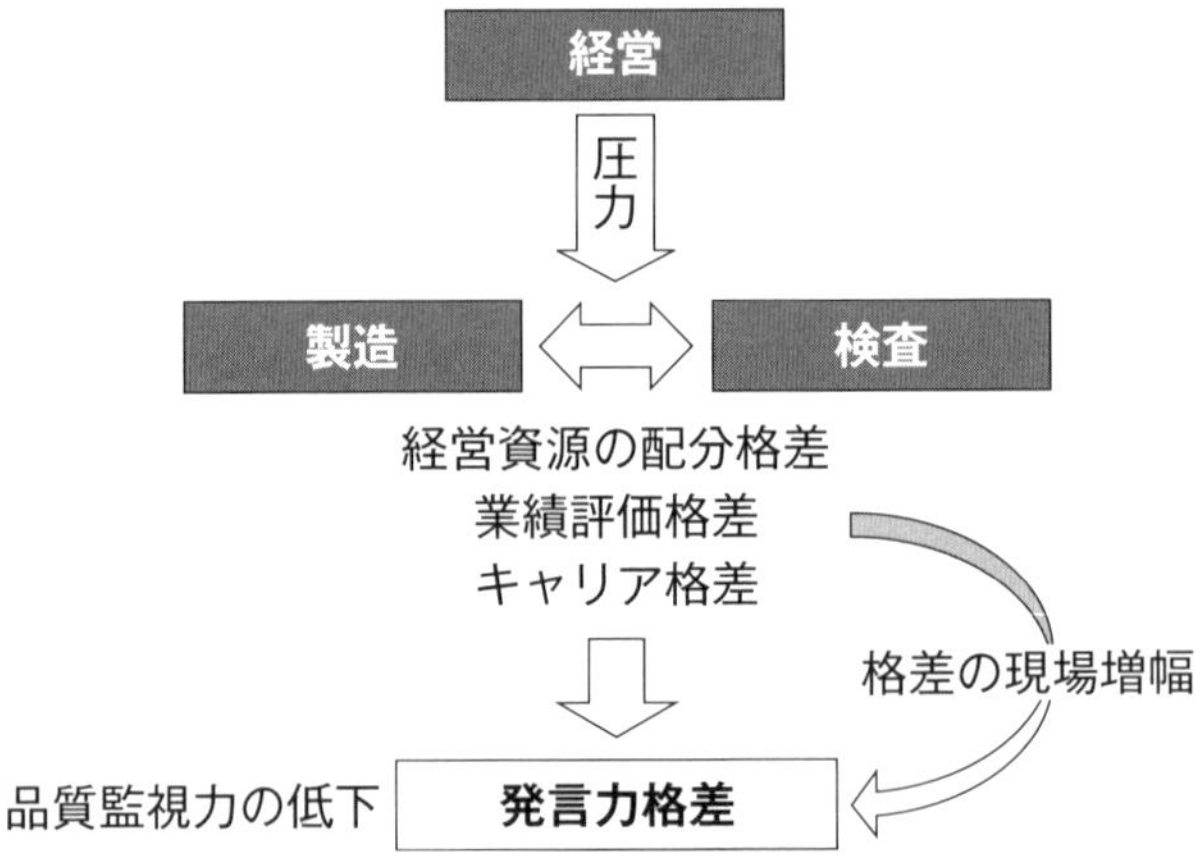

■ **図表8-1**　部署間格差の複合的な現場増幅。（出所：筆者）

現場増幅された結果です。図表8-1はこのメカニズムを表したもので、これも経営圧力の現場増幅の一つです。品質コンプライアンスのためには発言力格差をなくすことが重要で、そのためには部署間格差を拡大・固定させない人事施策が必要です。

部署間格差の問題を調査報告書で深掘りした例は少ないのですが、SUBARU[1]やスズキ[2]の検査不正の調査報告書はこの問題に踏み込んでいます。この内容については、前著[3]に詳しいため本書では省略します。

(1) SUBARU、長島・大野・常松法律事務所、完成検査における不適切な取扱いに関する調査報告書、2018年9月28日.
(2) スズキ、長島・大野・常松法律事務所、完成検査における不適切な取扱いに関する調査報告書、2019年4月12日.
(3) 安岡、『製造現場を守る7箇条 ストップ品質不正』、日経BP、2022年6月.

Q 09 現実問題、部署間格差をなくすのは難しい?

A 部署間格差の問題に気づいても、格差をなくすことは困難です。部署間格差は個人の努力や実績が反映された結果で、モチベーションのために必要なものです。これは自由競争の良いところでもあります。

一方、マクロ経済の視点で考えると、自由競争を放置すると勝ち組がビジネスを独占しやすくなり、寡占や独占によってモノやサービスの価格がつり上げられ、社会の効率が悪くなることが知られています。独占禁止法は自由競争を行き過ぎさせないための仕組みの一つです。さらに、中小企業などに対しては、国や自治体が経営を支援する仕組みがあります。これも企業間格差を固定させない仕組みで、経済社会の活性化と発展に必要なことです。

企業内でも、部署間格差を固定化するとデメリットが目立つようになります。格差の上側にいる人たちは努力を怠ります。一方、格差の下側にいる人たちはいくら努力しても昇進できないので、意欲を失います。結果、社内の活力が低下し、やがて競争力を失います。ライバル社に品質で勝てなければ、品質不正が起きやすくなります。そのようなとき、検査部署の発言力が弱いと、品質不正へ

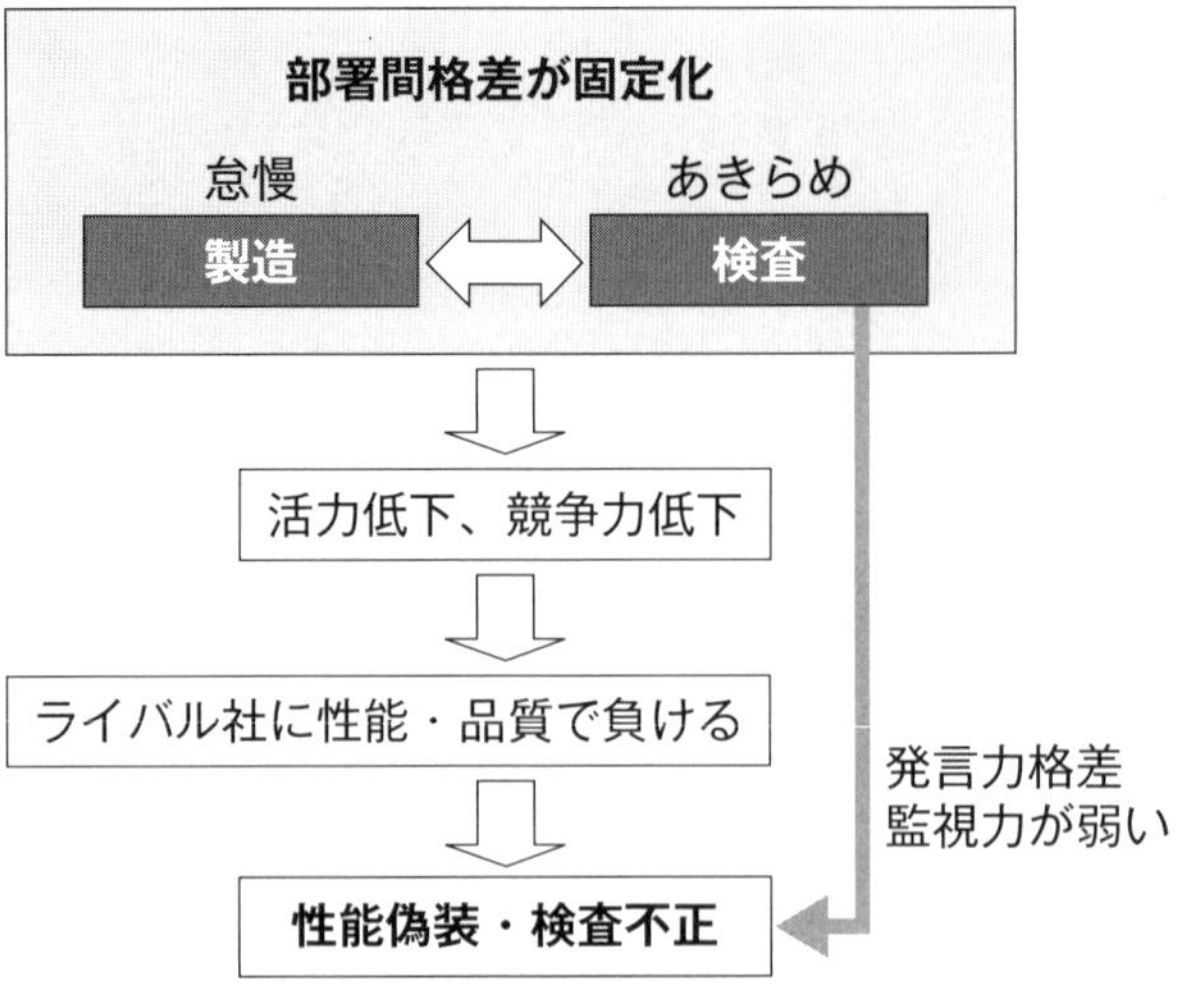

■ **図表9-1**　部署間格差の固定と品質不正。（出所：筆者）

の監視が効きません。

図表9‐1はこの状況をまとめたものです。格差が悪いのではなく、格差を固定していることが問題なのです。

Q10 部署間格差はどうして固定化しやすいのか？

A 一般論として、格差はその上側にいる人たちにとって都合がよいうえ、その人たちは力を持っているので格差を守り続けることができます。これに対し格差の下側にいる人たちは、格差がないほうがよいのですが、発言力が弱くそれをなくす力がありません。つまり、格差が自然消滅することはあり得ないのです。

これは、身分差別や人種差別が長く続いた歴史から明らかなことです。今の時代では男女格差の問題が典型的な例で、男女雇用機会均等法や女性活躍推進法などの法律がなければ、男女格差がなくならないことが分かります。

社内の部署間格差は格差の上側にいる人たち、すなわち勝ち組の社員によって守られます。この格差をなくすための法はないので、経営陣が問題意識を持たなければ、部署間格差は固定・拡大します。しかし、経営者は勝ち組の人として格差の恩恵にあやかってきたはずなので、この問題に気づく経営者はほとんどいませんし、手も出しにくいというのが実情です。

Q11 部署間格差を固定化させないためにはどうすればよいのか？

A

社内の格差は固定化しやすいので、そうならないための風穴が必要です。風穴とは、格差の下側にいる人が能力や努力によって上に上がれる仕組み、つまり人の上下対流を可能にする仕組みです。このことは、サッカーのJリーグがリーグ間の入れ替え戦によって、サッカー界を活性化させていることからも見て取れます。

人の上下対流を起こすとは、社内の力の強い部署と弱い部署で人の入れ替えを行うことです。しかし力の強い部署の人は弱い部署に異動したくないでしょう。業績評価で不利になるからです。格差の上側に居続けたい人の都合は優先されるので、人の上下対流は簡単ではありません。

「品質不正を許さない」と言うだけなら、凡庸な経営者でもできます。品質コンプライアンスのためには「不正の温床をなくす」ことに取り組まなければなりません。部署間格差をなくす人事ローテーションは困難なだけに、その狙いを社内に周知させ、上下対流につながる人事ローテーションを行う覚悟が必要です。これによって不正防止だけではなく、企業を活性化させることにもつながります。

人事ローテーションの活性化については、第4章で詳しく考えます。

Q12 部署間格差以外に品質コンプライアンスの障害となるものは？

A 品質コンプライアンスを妨げる原因は部署間格差だけではなく、セクショナリズムとパワーハラスメント（パワハラ）という企業風土の問題もあります。

セクショナリズムの強い会社は品質不正に陥りやすい

セクショナリズムには、排他型と無関心型の2タイプがあります。排他型とは、自部署（自分）さえよければよい、他部署から口出しさせない、というものです。そのような部署には、他部署からのけん制や監視が効きにくいので、不正を隠しやすいことになります。

一方、無関心型とは、他部署に興味がないというものです。例えば同業他社でUL(Underwriters Laboratories)認証不正や自動車の燃費・排ガス不正などの事件が社会問題になっているときに、「我が社は大丈夫か」と口出しすることがタブーとされている状況です。このような会社では、不正への相互監視が効きません。排他型でも無関心型でもセクショナリズムの強い会社では不正に陥りやすく、隠蔽されやすいのです。

実は、セクショナリズムの強い会社にはもっと深刻な問題があります。それは、競争力や生産性が長期的に低下することです。その結果、製品の競争力が衰えるので、性能偽装や検査結果の改ざんなどのリスクが高まります。

つまり、セクショナリズムの強い会社は品質不正に陥りやすいうえに、発覚しにくいのです。これは、部署間格差の強い会社で品質不正

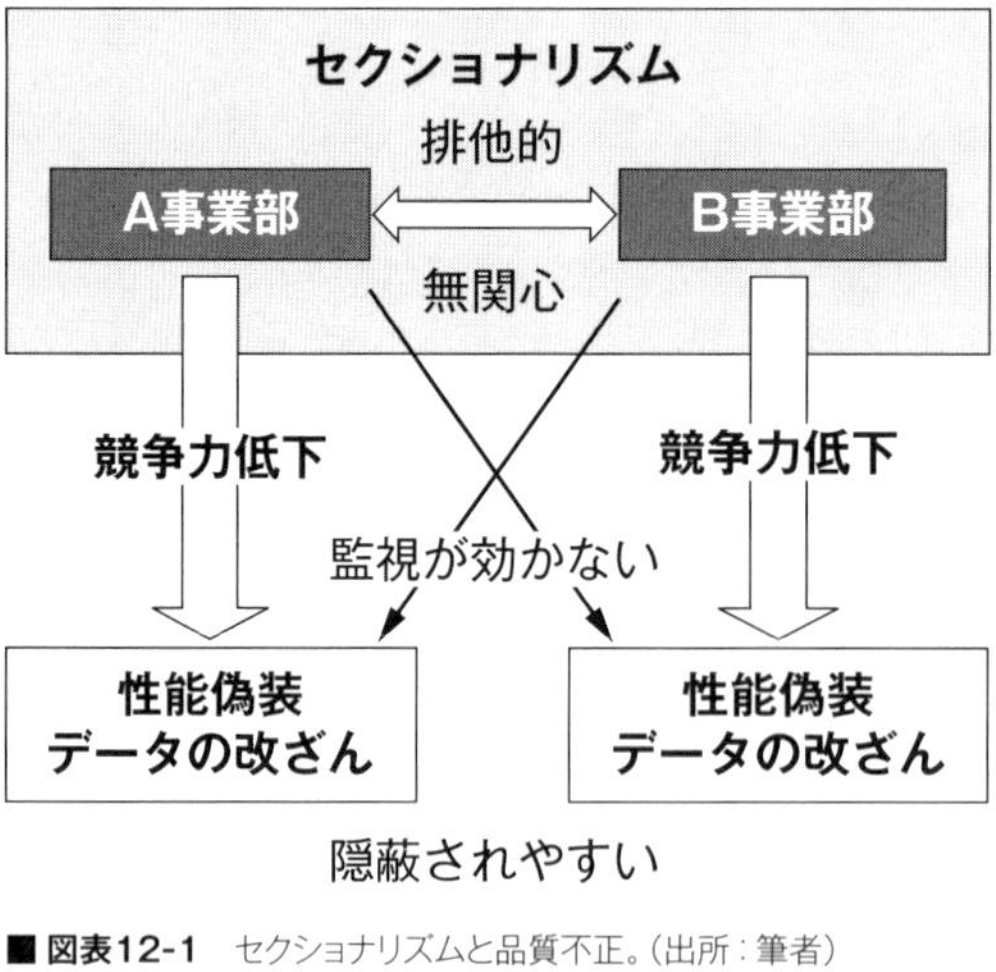

■ **図表12-1**　セクショナリズムと品質不正。(出所：筆者)

に陥りやすいことと似ています。**図表12-1**はこの状況を示したものです。

パワハラは品質不正の温床に

2020年6月に施行された改正労働施策総合推進法(パワハラ防止法)によって、パワーハラスメント(パワハラ)対策は事業主の義務になりました。厚生労働省によると、職場でのパワハラとは次の3要素を全て満たすものとなります。

①優越的な関係を背景とした言動
②業務上必要かつ相当な範囲を超えたもの
③労働者の就業環境が害されるもの

パワハラそのものは既に法令違反ですが、品質コンプライアンスを妨げる深刻な原因でもあります。品質コンプライアンスの視点で、パワハラは「独善のパワハラ」と「保身のパワハラ」に分類できます。何かと部下を怒鳴りつけるのが独善のパワハラで、自己承認欲求の強いエリートタイプの人に見られます。怒鳴ることで、自分を「偉い人」だと認めさせたいのです。

一方、課題解決能力の低い管理職は困難な壁を乗り越える力がありません。この手の人は部下に「何としてでも目標を達成せよ」とか「できるまで帰るな」とか言うことしかできないので、パワハラになることがあります。これが保身のパワハラです。

前者の独善タイプの管理職はパワハラへの心理的抵抗がないので、その人の部署が業績不振のときは保身のパワハラを行うようになります。後者の保身の上司は部下を指導する能力が低いので、その部署はいつまでたっても業績が低迷し、保身のパワハラはいつまでも続きます。部下はパワハラから逃れようと、目標達成を見せかける不正行為に逃げることがあります。保身のパワハラも経営圧力の現場増幅の一つで、品質不正の原因になります。

従って、独善か保身かによらずパワハラは品質不正の原因になるのです。このような構造を示したのが、**図表12-2**です。

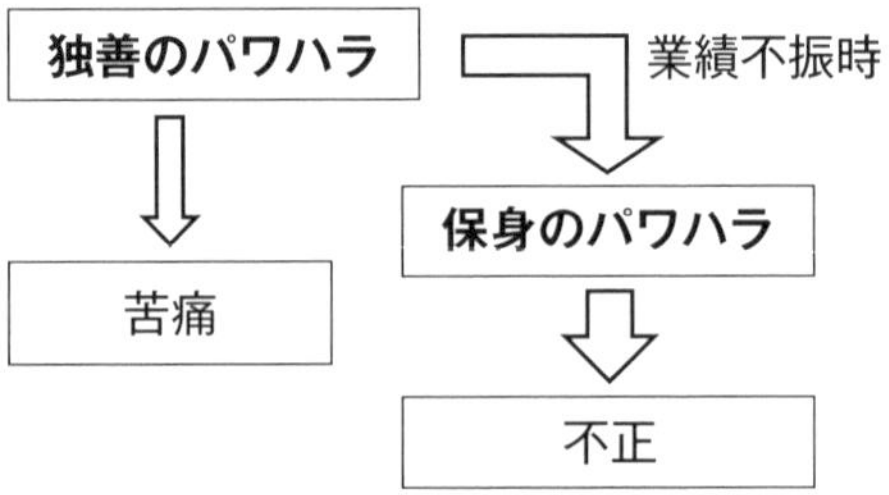

■ **図表12-2**　パワハラは不正の原因に。（出所：筆者）

（1）厚生労働省、「職場におけるパワーハラスメント対策が事業主の義務になりました！」、2022年1月.

Q13 セクショナリズムとパワハラによる品質不正の事例は？

A セクショナリズムとパワハラが品質不正の原因になった典型が、2022年に発覚した日野自動車のディーゼルエンジン不正で、強いセクショナリズムが不正の原因と指摘されました。

日野自動車では、オンロードエンジンとオフロードエンジンの燃費と排ガスの性能試験での不正が発覚すると、同社の国内向け車種のほとんどが販売不能になりました。背景には、国が定めた2015年度目標と呼ばれる燃費基準[1]の制度があります。これには、排ガス規制をクリアした自動車に対し、燃費が2015年度目標を上回ると重量税が減免されるというインセンティブがありました。自動車メーカーにとっては、この目標を達成することは生き残りをかけた課題だったのです。

本件の調査報告書[2]によると、オンロードエンジンのケースでは、開発は製品開発部、エンジン設計部、パワートレーン実験部などで行われていました。調査報告書は、これらの部署を「エンジン開発部隊」と呼んでいます。同社では、2015年度目標が達成困難だったため、パワートレーン実験部の担当者は国土交通省の審査官が立ち会う認証立会試験で諸元値を達成するため、燃費の計測法を不正操作していたのです。このことから、本件は「認証不正」とも言われています。

調査委員会が行ったアンケートの回答には、セクショナリズムを指摘するものが多く見られます。以下の回答は、無関心型のセクショナリズムと言えます。

①縦割りで、自部署の業務のみにしか関心がない

②他領域について意見を言わない（領空侵犯しない）風土（特に役員）

排他型のセクショナリズムが強かったことも、以下の回答からうかがえます。

③問題を起こしたエンジン開発部隊は、日野の中ではエリート部隊（あるいは出世の登竜門）と言われ、口出ししにくい

④何か言うと「俺たちエンジン部隊は大丈夫だから」と一蹴される

エリート部隊といえば、部署間格差の上側の人たちなので、その力関係を背景にして他部署に排他的になっていたように考えられます。そして調査報告書は不正の原因に強いセクショナリズムがあったと指摘しています。ディーゼル車のトップメーカーだった同社が、国の定めた燃費目標をクリアできなくなっていたことに、セクショナリズムの弊害を感じます。

さらに、従業員アンケートの回答の中には、以下のようにパワハラ体質をうかがわせるものもあります。特に⑦からは、パワハラから逃れるために不正行為に逃げる様子を想像させます。

⑤上司や他の部署は「スケジュールの遅延は決して許さない」という強圧的な態度
⑥「できません」「分かりません」は言えず、「やるのが当たり前」の文化
⑦目標を達成できないと、役員や上司からの叱責や評価への悪影響があるので、叱責されない手段を模索し始める

調査報告書は、日野自動車のパワハラ体質を問題視しました。これを受けて、同社は2022年8月からパワハラへの処分を厳しくし、悪質な場合は懲戒解雇を適用するとしています。[3] こうしたパワハラの撲滅に取り組む具体的なアクションは、同社の信頼回復につながります。

（1）国土交通省、重量車の2015年度燃費基準に関する最終取りまとめ、2005年11月．
（2）日野自動車特別調査委員会、調査報告書、2022年8月1日．
（3）日野自動車、「パワハラゼロ活動」の進捗状況について、2022年12月13日．

Q14 品質コンプライアンスの基本的な考え方は？

A 検査不正のケースで考えると、不正の原因はおおむね以下のようにまとめられます。

①生産偏重の経営
②コンプライアンス意識の鈍麻
③検査部署の人事の固定化
④検査部署の地位の低さ
⑤製造と検査の独立性の弱さ
⑥製造と検査の兼務（開発と評価の兼務）

①と②は、誰もが分かる原因です。③の「人事の固定化」は、新しい人が入ってこないと、部署内になれ合いが生まれ、不正への監視が効かなくなることを意味します。④の「地位の低さ」とは、部署間格差のことです。⑤の「独立性の弱さ」は、一部の部署や人への権限集中（兼務）によって、不正への監視が効かなくなることを示しています。例えば、製造と検査の兼務によって検査不正が、開発と評価の兼務によっては開発時の性能偽装が起きやすくなります。特に④と⑤によって検査員が言うべきことを言えない職場では、品質コンプライアンスが無効化されてしまいます。⑥の兼務とは、例えば製造部長が検査課の課長を兼務するようなケースです。この場合、検査課が製造部の意向に従わされやすいという問題が生じます。兼務の問題は開発段階にもあり、例えば製品開発の担当者が認証業務や性能評価を兼務することで性能偽装が起きるケースがあります。

以上の6つの原因に対しては、次のような再発防止策が立てられます。

A．生産偏重から品質重視へ
B．コンプライアンス意識の徹底
C．定期的な人事ローテーション
D．検査部署の地位向上
E．権限集中の排除、検査部署の独立性の確保これらの再発防止策はどの会社にも効果的なはずですが、導入は簡単ではありません。D、Eの検査部署の改革は、検査のコスト増や効率低下につながります。特に難しいのは、Cの人事ローテーションです。なぜなら人事ローテーションには現場の抵抗があるからです。この問題への関心は非常に高いので、第4章でまとめて考えます。

そして何よりも、これらの再発防止策の一番の問題は、ワクワクしてこないという点にあります。そこで筆者が提唱するのが、「品質不正防止の7箇条」です。

Q 15 現場をワクワクさせる「品質不正防止の7箇条」とは?

A

品質コンプライアンスのための対策は、社員を縛り付けるものではなく、社員に希望を持たせ、組織の活性化につながるものであるべきです。その狙いで、Q14の不正防止策を現場の人向けに言い換えたのが、次の品質不正防止の7箇条です。

第1条「日陰の人に光を」

第2条「コスト部署を軽視するな」

第3条「他部署に興味を持とう」
第4条「不正の温床パワハラをなくせ」
第5条「周りに感謝しよう」
第6条「人事異動をポジティブに捉えよ」
第7条「兼務を断ろう」

第1条から第5条までは、経営圧力を現場増幅させないことを狙いとしています。特に第1条は部署間格差を固定化させないために、格差の下側の人にもキャリア面でのチャンスがあるべきであるという提言です。部署間格差の問題はQ8からQ11で説明しました。

第2条のコスト部署とは、本社のコスト部署だけではなく、製造部門における検査部署なども含みます。部署間格差の最大の問題はキャリア格差が発言力格差を生むことです。

製造部署の人は自分が会社を支えていると錯覚し、検査部署の人を見下すことが少なくありません。SNS（ソーシャル・ネットワーキング・サービス）を見れば「品証はルーチンワークをしているだけ」「品証は仕事の邪魔をする」など、思い上がった技術者の言葉を探すのに苦労しません。このような言葉は検査部署の発言力封じにつながるので、検査部署が言うべきことを言えなくなります。第2条は、コスト部署を見下す言葉は、品質コンプライアンスの蹂躙《じゅうりん》につながる点で悪質性が強いという問題提起です。

第3条は、他部署への無関心やセクショナリズムの問題を考えるものです。セクショナリズムの問題はQ12で説明しました。稼ぎ頭の人は、自分以外の部署が無駄な存在に見えるものですが、特に検査部署や管理部署の使命を軽視するようになると、コンプライアンスの蹂躙につながります。

また、セクショナリズムをなくすことは、会社の成長と品質コンプライアンスを両立することにつながります。このようなことからも、他部署の業務や使命をよく知っているべきだと考えます。

第4条は、ハラスメント体質に陥らないために気をつけてほしいポイントです。パワハラの問題もQ12で説明しました。

第5条は、周りを見下しがちなエリート技術者はもっと謙虚になるべきだという提言です。上司の場合には、「部下が相談に来たときに感謝しているか」というセルフチェックの意味があります。部下からの相談といえば、上司にとっては面倒だったり不都合だったりする話の方が多いはず。それを不愉快そうに聞く上司には、誰も相談に来なくなります。

担当者が技術的な課題をクリアできないとき、上司に相談できなければ不正に逃げるしかありません。従って、上司は相談を聞くだけではなく、部下と共に解決策も考えるべきです。「上司が話を聞いてくれない」とか「結果だけを要求する」などと、ささやかれるようでは駄目です。

第6条は、人事ローテーションを部署間格差の改善と企業活力の向上につながるものにし、各部署が人事ローテーションに協力的であるべきだという提言です。Q14でも触れましたが、これは簡単ではないので第4章で改めて考えます。

最後の第7条は、兼務によって権限集中が起きると、不正に巻き込まれやすくなるという警鐘です。これについてはQ14で説明しました。品質コンプライアンス上のリスクが高い兼務を命じられそうなときはそれを理由に断るか、人員補充によって兼務を早く解除してもらうよう願い出ることが必要です。

以上の品質不正防止の7箇条は、言うべきことが言えない風土を直すことで品質コンプライアンスを向上させ、同時に企業活力を高めて会社を長期的に成長させるものです。この考え方は多くの経営者や品質保証関係者から共感を得て、様々な意見や質問を頂くようになりました。本書のQのほとんどはその内容です。

（1） 安岡、『製造現場を守る7箇条 ストップ品質不正』、日経BP、2022年6月.

Q16 品質コンプライアンスの目指すべきゴールは?

A

品質コンプライアンスの向上には、山のような課題が多く出てきます。それぞれの課題に対症療法的な対策を打っていると、軸を見失いやすくなります。また手続きが煩雑になったり、現場の担当者の腹に落ちないルールが生まれたりしかねません。そうならないためには、品質コンプライアンスのゴールをしっかりと定めておくことが重要です。

品質不正は、立場の弱い部署に経営のひずみが集中し、組織の力学によってやむを得ず不正に陥るケースばかりです。そのような職場にいることは不幸としか言いようがありません。品質コンプライアンスのゴールは「働く人にとって幸せな職場づくり」とすべきでしょう。品質不正防止の7箇条は部署間格差やパワハラをなくし、幸せな職場づくりをゴールとしています。その結果として企業活力が高まって、長期的に発展すると考えます。

Q17 品質不正防止の7箇条を推進するための各部署の役割は？

A 品質不正防止の7箇条の具体的な展開が個人任せでは心もとないところがあります。各部署に期待する役割を以下にまとめました。

第1条「日陰の人に光を」

これは、担当者の意識改革だけでは無理な課題ですから、人事施策の見直しが必要です。具体的には、第1条に沿った経営方針の下で、人事部が上下対流を起こす人事ローテーションを定着させなければなりません。人事ローテーションでは現場の利益と会社全体の利益が対立するので、社内の反発が強いでしょうから、上下対流の意図を社内に周知させることが必要です。

各部署はセクショナリズムをなくし、人事ローテーションに協力的になるべきです。とはいえ、これは簡単ではありません。実現するには、昇進の条件に他部署（特に管理部署）経験を条件とするなどの人事制度の導入を検討してはどうでしょうか。

第2条「コスト部署を軽視するな」

Q15で述べたように、コスト部署を軽視する言葉は稼ぎ頭の人の思い上がりから出てくるものです。このような言葉には、品質コンプライアンスの蹂躙につながる点で強い悪質性が潜んでいます。

品質コンプライアンスの社内研修を担う部署には、コスト部署を軽視する言動が品質不正の背景にあった事例を研修で紹介し、そのような言葉の悪質性を全社員と共有してほしいと思います。

例えば、スズキの検査不正の調査報告書[1]には、従業員の声として「完成検査は無駄な業務との風潮があり、検査課は他部署に対して毅然とした対応ができない」と記されています。検査部署の存在を否定する言動は検査担当者の発言力を弱めるので、品質に問題があっても指摘できなくなるのです。

どの会社でも、稼ぎ頭の人たちは経営者にとって一番頼りになる存在なので、稼ぎ頭が現場で何を言っても、見逃されているのではないでしょうか。それだけにコスト部署を軽視する言葉については、経営者が厳しく禁止すべきです。この姿勢は「品質不正を許さない」といったお題目を唱えるよりよほど効果的です。

QC(品質管理)活動は日本中のメーカーで展開されています。その活動の一環として、行儀のよい標語を考えるのもよいですが、品質保証関係者の本音を訴え、稼ぎ頭の人たちをドキッとさせるような標語を考えてほしいと思います。これは、標語を審査する側の人にも期待したいことです。

第3条「他部署に興味を持とう」

他部署に興味がないのは、無関心型のセクショナリズムの表れです。会社全体の動きを知る意味でも各部署の動きに関心を持つことは、会社の活性化につながります。しかし第3条は、現場が主導できることではないので、会社の方針として他部署に関心を持たせることを始める必要があります。

その点で、広報部に期待したいことがあります。社内報や取引先向けの広報誌では花形の製品や部署を取り上げる傾向がありますが、これは部署間格差を拡大させることにつながります。品質コンプライアンスのためには、縁の下の力持ち的な部署を取り上げることが重要です。地味な部署にスポットライトを当てれば、その部署の使命と存在意義が社内で理解されるようになります。全ての部署のモチベーションアップにもつながります。

ビジネス面での方法としては、他部署との連携プロジェクトの有無を業績評価の軸に加える方法があります。これは総合企画部などの本社案件として全社的に展開し、具体的な業績評価法は各事業部で展開することになると思います。

第4条「不正の温床パワハラをなくせ」

改正労働施策総合推進法（パワハラ防止法）によって、どの企業にもパワハラの相談窓口が設置されているはずですが、相談が来るのを待っているだけではパワハラの撲滅は難しいでしょう。そこで、各部署にパワハラ相談員を任命して相談への敷居を低くしているケースがあります。このやり方の限界は、相談員の上司がパワハラ体質のときに相談しにくいという点です。

役員や幹部が高圧的な言動をしがちな企業では、役員がそれを直すことから始める必要があります。これは役員の自助努力だけでは改善が難しいでしょうから、監査役や社外取締役が主導して社風を改めることに期待します。

経営陣がパワハラ体質ではないのに、現場がパワハラ体質の場合もあります。この場合はパワハラ対策の担当部署が社内アン

■ **図表17-1**　部課長席の後ろの壁に「パワハラは違法」の掲示。
（出所：筆者）

ケートを定期的に行い、ハラスメント全般の状況をチェックし改善に努めてほしいものです。深刻なパワハラが広がっている場合には、社内規則を厳格化することはもちろんのこと、**図表17-1**のように「パワハラは違法」のポスターを作って部課長席の後ろの壁に掲示してみてはどうでしょうか。パワハラ対策については、改めて第6章で考えます。

第5条「周りに感謝しよう」

これは社風の問題であり、規則化するものではありません。従って、経営陣が社風を変える方針を打ち出すことから始めることになります。経営者自身も、日ごろから従業員やその家族に感謝するように変わる必要があります。そして、全ての役職員が社風の改善に努めることが重要です。

第6条「人事異動をポジティブに捉えよ」

このことの実務は人事部の仕事で、その内容は第1条と同じです。各部署の長は保身やセクショナリズムによって、エース級の社員を出すことに抵抗するでしょう。しかし、その壁をいかに崩すか——。この問題については、第4章でしっかりと考えます。

第7条「兼務を断ろう」

開発と評価や、製造と検査など、業務上対立する部署の兼務は品質コンプライアンスの障害になります。もし、兼務を打診されたらそのリスクを考えて、慎重に判断してほしいと考えます。

一方、人事部は、品質リスクの高い兼務（開発と評価、製造と検査など）の発令には慎重に当たる必要があります。会社によっては、事業部長や部長に人事発令権が与えられていることがあります。その場合には、品質リスクの高い兼務をさせないようなルールを整備することが必要です。

人員不足のためにやむを得ず兼務態勢を採るしかない場合もあり、明確なルール化は難しいかもしれません。開発・製造拠点での兼務発令については、人事部・コンプライアンス部（法務部）、品質保証本部、担当役員などの協議が必要とし、本社からの監視が効くようにしてほしいと思います。

現場では、人事発令のない兼務もあります。例えば、新製品の開発レビュー会議に、開発側の担当者が参加しているケースや、製品の検査を製造関係者が手伝うようなケースです。発令がなくてもこのような態勢は業務上の兼務に該当するので、品質コンプライアンスの障害になります。

ただ、こうした業務上の兼務を禁じるルール作りは簡単ではないでしょう。そこで、品質保証本部が品質不正の事例をリスクシナリオとして、各拠点の実態をチェックするのが現実的な対策と考えられます。問題が見つかっても現場が改善しないときには、本社担当の役員マターになります。

（1）スズキ、長島・大野・常松法律事務所、完成検査における不適切な取扱いに関する調査報告書、2019年4月12日.

Q18 リスクマネジメント、内部統制、コンプライアンスの関係は？

A リスクマネジメントと内部統制は似ているようで違うので、ここで整理しておきます。

まず、リスクとは不確実さのことを意味します。例えば、製品が売れすぎたり売れなかったりする不確実さのことです。つまり、リスクはネガティブなものだけではなく、ポジティブなものも含みます。

企業リスクマネジメントとは、ビジネスの不確実さ（リスク）をコントロールする活動のことです。リスクには社内要因だけではなく、社外の要因も含まれます。例えば、ライバル社に負けるとか、原料高や円安、国際情勢の変化とかもリスクです。〝コントロール〟の意味はリスクをなくすことではなく、リスクの影響を想定して、何らかの手を打っておくことです。例えば、原料の価格変動リスクに対しては、商品先物の取引をしておく、代替品を使えるようにしておくなど対策の方法は様々あります。

　リスクマネジメントを統括する人は経営者で、リスクマネジメントの対象は従業員とその活動です。従って、リスクマネジメントは経営陣によって蹂躙《じゅうりん》されることがあり、その典型が粉飾決算と言えます。

　一方、内部統制は、企業が健全・効率的な事業をするための管理体制のことです。簡単に言えば、不祥事を起こさないようにする手続きのことで、その対象は社内に限られています。コンプライアンスは法令順守のことで、理想像（目的）の意味を持ちます。

　以上見てきたリスクマネジメントと内部統制とコンプライアンスは、互いに重なるところがあります。これらを別々に切り離すのではなく、リスクマネジメントは内

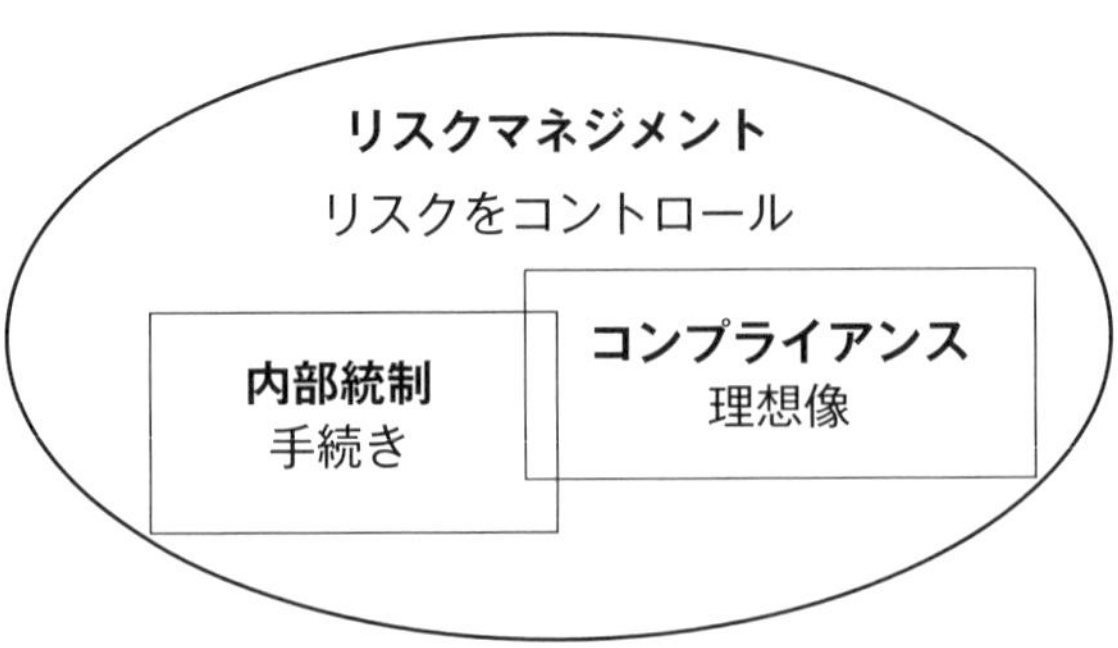

■ **図表18-1**　リスクマネジメントは内部統制とコンプライアンスが一体化して機能する。（出所：筆者）

部統制とコンプライアンスが一体化して機能すると言われています（**図表18－1**）。

Q19 リスクマネジメントを実践する仕組み「3ラインモデル」とは？

A
「3ラインモデル（Three Lines Model）」は、内部監査人協会（IIA：The Institute of Internal Auditors）が提唱するリスクマネジメントの仕組みです。当初は、「3つのディフェンスラインモデル（Three Lines of Defense）」と言われていましたが、その後「Defense」が削除され、今では3ラインモデルと呼ばれるようになりました。[1]

3ラインモデルの第1ラインは、現場レベルでのリスクマネジメントのことで、製造部署の中にある検査部署がこれに該当します。第2ラインは、現場と独立した部署でのリスクマネジメントのことで、本社の品質保証本部やリスク管理部、経理部などが担います。

そして第3ラインが、執行部門から独立した部署によるリスクマネジメントのことです。代表例は内部監査部のことで、会社によっては社内監査部や業務監査部といった名前が付いています。この部署は**図表19－1**のように、執行部門から離れて社長（室）の直下に置かれて

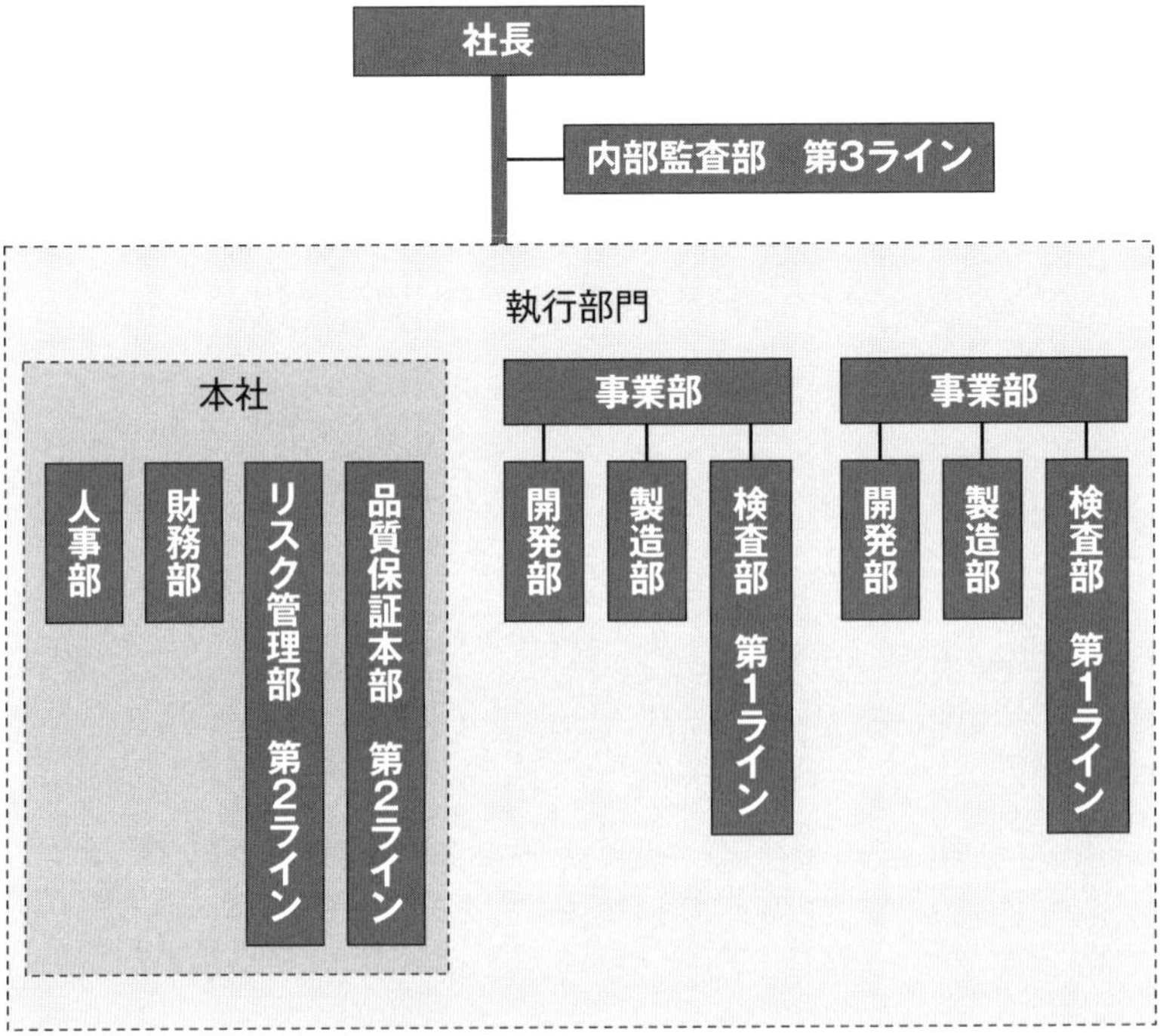

■ **図表19-1**　3ラインモデルの体制の例。（出所：筆者）

います。小さな子会社では第3ラインが置かれないことがあり、本社の第2ラインがその役割を担うことがあります。

(1) The Institute of Internal Auditors,THE IIA'S Three Lines Model, 2020.

Q20 検査部署を十分に機能させる組織体制の在り方は？

A 検査不正の典型的なパターンは、製品に不備があっても検査部署の発言力が弱いため、検査データの改ざんなどによって合格させて出荷可能にすることです。従って、検査不正をなくすには、検査部署を製造部署から独立させることが基本となります。ここで、**図表20-1**を見てください。

(A)の体制では製造部の配下に検査課があるので、調査課は3ラインモデルの第1ラインとなります。しかし、業務も人事評価も製造部長の管理下になるので、検査課は製造部長の意向に影響されやすい状態です。これは、検査不正が起きやすい体制と言わざるを得ません。

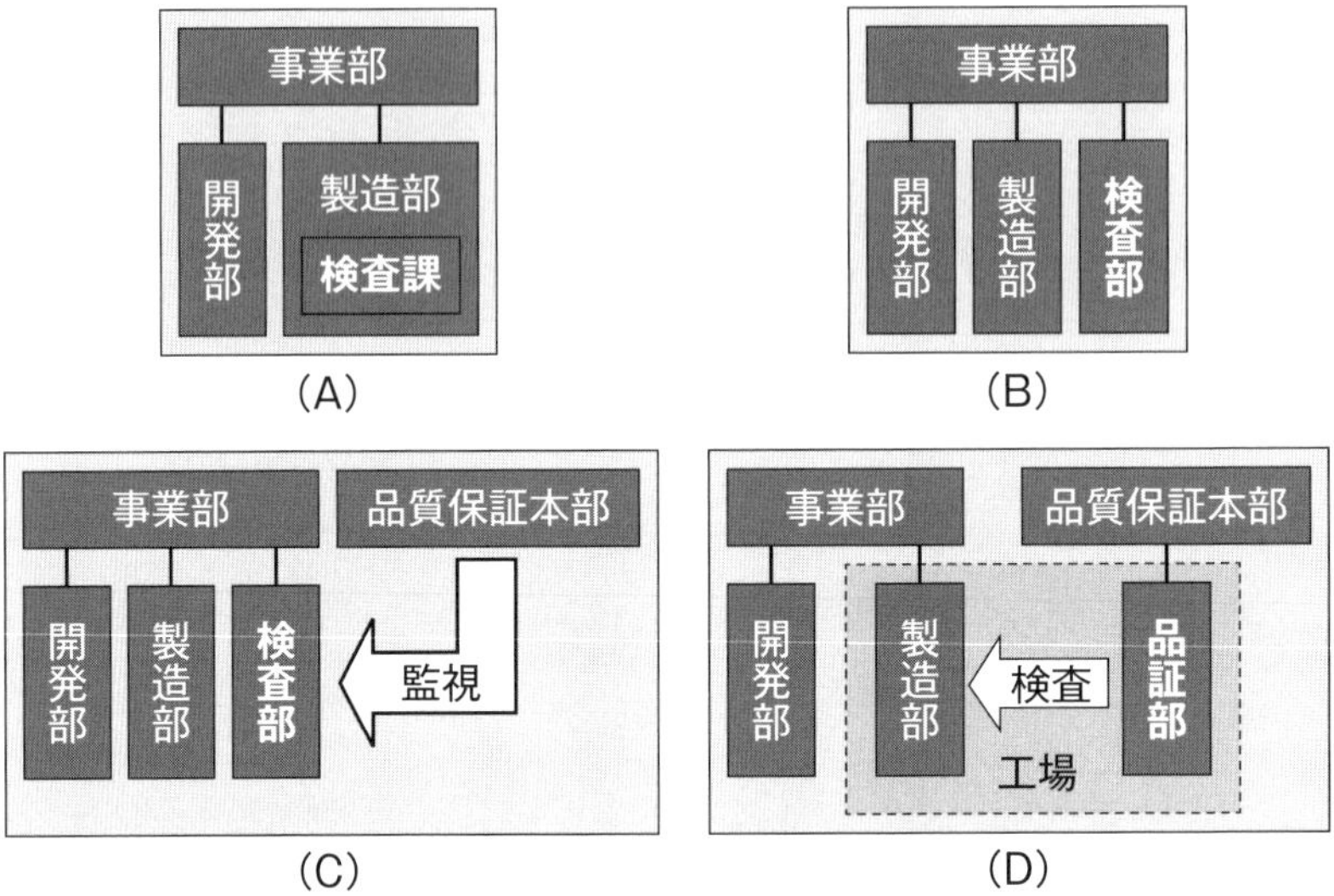

■ **図表20-1** 検査部署の体制。(A) 検査課が製造部の配下にある体制、(B) 検査部に格上げした体制、(C) 本社品質保証本部が検査課を監視する体制、(D) 製造拠点の検査機能を本社品質保証本部の配下に置く体制。(出所：筆者)

そこで近年では、製造部の下にある検査課を（B）のように検査部に格上げする体制が増えています。もちろん、この検査部も第1ラインです。「検査機能を製造から独立させた」と言われているケースには、この体制が少なくありません。

実際、（B）での検査機能の独立性が（A）の体制よりも改善されているのは確かですが、果たして十分と言えるでしょうか。部署の業績評価を握っているのは事業部長なので、検査部は事業部長の意向に従う立場です。これでは事業部から独立な立場での検査業務が難しい体制に変わりありません。第9章のQ84で説明しますが、豊田自動織機では（B）のように品質保証部が事業部の配下にあり、十分機能していませんでした。

（C）は、本社の品質保証本部が検査課の業務を監視する体制です。この場合、検査部は3ラインモデルの第1ラインで、品質保証本部が第2ラインとなります。品質保証本部が適切に機能していれば、この体制でもよいでしょう。つまり、検査部署を独立させなければならないということではなく、製造部門から独立した立場で検査業務を監視する体制ができていればよいのです。この体制の課題は、品質保証本部が検査業務を十分に監視できるかどうか、体力的な限界があることです。

（C）をさらに進化させた形としては、（D）のように製造拠点の検査機能を本社の品質保証本部の配下に置いて品質保証部とする体制があります。このとき検査員は物理的には工場に勤務していますが、人事的には本社所属になるので、品質保証部は製造や事業部から独立した検査機能（第2ライン）になります。

以上見てきたように、独立性を測るポイントは、検査部署がどこで仕事をしているかではなく、製造部署から人事的かつ精神的に独立しているかどうかという点です。品質不正の防止のためには、（C）か（D）の体制が必要で、ここ数年で多くの企業に定着しつつあります。なお、小さな子会社で品質保証本部（第2ライン）がない場合には、親会社の品質保証本部が子会社の第2ラインを担う必要があります。

Q21 リスクマネジメントの実務を進めるためのハードコントロール、ソフトコントロールとは？

A リスクマネジメントの実務には、ハードコントロールとソフトコントロールの2つのアプローチがあります。ハードコントロールは、規則やシステムでリスクをコントロールする仕組みです。その特徴は有形なことで、整備状況を検証しやすいと言えます。品質管理関連では国際規格ISO9001（品質マネジメントシステム）の認証を取得することが、検査不正を防止する仕組みでは検査データを改ざんできないシステムにすることがハードコントロールの例です。

一方、ソフトコントロールとは、社員の意識や社内風土でリスクをコントロールする方法です。例えば、「品質第一」などの標語で品質コンプライアンスを向上させるのが、その例です。ソフトコントロールの弱点は効果を可視化しにくく、検証が難しいという点になります。

品質不正の防止には、ハードコントロールで整備するのが基本です。しかし、ハードコントロールが厳しすぎると、手続きが煩雑になりすぎたり、内部監査時の点検項目が多すぎたりするなど、現場の負担が重くなるという問題があります。加えて、ハードコントロールには必ず抜け道があります。従って、ハードコントロールとソフトコントロールの両輪で補い合うのが、リスクマネジメントの基本的な考え方です。

Q22 ハードコントロールの悪い例は？

A 20年近く前の話ですが、ある会社では各部で緊急連絡網を作り、部員の住所や電話番号をまとめていました。その後、個人情報保護法が制定されると、「部内連絡網を個人情報管理台帳に記録・管理し、各部の金庫で保管すべきである」という社内規定が作られました。これは、個人情報漏洩のリスクを低減するための、ハードコントロールによる対策といえます。

しかしこの結果、部長も部員も緊急連絡網を持ち歩けなくなってしまったのです。現場からは「休日や夜に大災害が起きた時、どうやって連絡を取ればよいのか？」という声が当然のように上がりましたが、本社の回答は「出社して、金庫を開けて緊急連絡網を使うように」というものでした。本社の担当者が当局から叱られないように、ガチガチの規則を作って自分たちを守っていたのです。

この規定は緊急連絡網の本来の目的を全く考えていないため、現場では猛烈に不評でした。結果、この規定は1年ほど続いただけで、その後は緊急連絡網の持ち歩きが許されました。嘘みたいで本当にあった話です。

ハードコントロールはリスクを低減するための手段の一つですが、運用しやすく、現場の負担を重くしないようにすべきです。

Q23 ソフトコントロールの限界は?

A

ソフトコントロールの悪い例は、コンプライアンス強化を人の良心に訴えるだけで、担当者の腹に落ちる内容になっていないケースです。例えば、コンプライアンス研修で「あなたのやっていることは家族に説明できますか」と問いかけられたとします。まっとうに仕事をしている人は「なるほど」と思うでしょう。しかし不正に巻き込まれている人はそれを家族に話すわけがなく、義務もありません。このように担当者の腹に落ちない研修では、効果が疑問です。

特に品質不正は私欲のためではなく、やむにやまれず不正行為に追い込まれた結果です。そのような立場の人にコンプライアンス順守の誓約書を書かせても、心の中は見えません。

このことは三菱自動車工業のケースを思い起こすとよく分かります。同社では、2000年と2004年にリコール隠し事件がありました。再生策として、経営トップは「企業倫理遵守最優先」を宣言し、2004年には全役職員が「企業倫理遵守の誓約書」[1]に署名しました。そして経営トップは、社員向けメッセージに「企業倫理遵守」と「コンプライアンス第一」を盛り込むようになりました。

それから12年後の2016年、同社では燃費不正が発覚しました。燃費不正の調査報告書[2]によると、不正は1991年から始まり、25年間続いていました。企業倫理遵守の誓約書に全役職員が署名したのは2004年のことなので、燃費不正に関わっていた人たちも誓約書に署名していたはず。コンプライアンス重視の掛け声や誓約書は、何もしないよりはましですが、三菱自動車の例からも分かるように実効性は疑問と言わざるを得ません。

(1) 三菱自動車工業企業倫理委員会、答申書、2007年5月21日.
(2) 三菱自動車工業特別調査委員会、燃費不正問題に関する調査報告書、2016年8月1日.

Q 24 ＩＳＯ９００１の品質マネジメントシステムは不正防止に役立つか？

A

Q21でも触れたＩＳＯ９００１は品質マネジメントシステムの標準的な国際規格で、品質不正防止につながると考えられます。この認証を取得していることが取引条件になることもあるので、ビジネスの内容によっては必須になります。実際に認証を取得するかどうかは、費用対効果で考えればよいと思います。

ただしＩＳＯ９００１はリスクマネジメントの仕組みの一つなので、経営陣によって蹂躙されることがあり得ます。その場合には品質不正を防止できません。第3章で詳しく考えますが、品質不正は日本企業の風土固有の問題だという見方があります。この見方に立つと、国際的な標準規格によって日本企業に固有の問題を改善できるのかという点で、「そもそも論」として疑問がないわけではありません。筆者はＩＳＯ９００１については門外漢ですが、これが品質不正防止に効果的かというと、これだけでは安心できない気がします。

Q25 品質コンプライアンスの対応はリスクマネジメント部か、コンプライアンス部か？

A 品質コンプライアンスを強化する目的で、その責任部署を決める際にこのような疑問が出てきます。品質コンプライアンスは、品質不正や品質事故を未然に防止するための活動全般の意味で使われています。品質コンプライアンスの真の目的は幸せな職場づくりですから、品質不正防止の7箇条で提言したように、活動の対象は品質だけではなく企業風土も含みます。具体的には、不正防止の内部統制を展開し、コンプライアンスを徹底させ、企業風土を改善することまでが活動範囲です。**図表25-1**は、品質コンプライアンスの要素をまとめたものです。

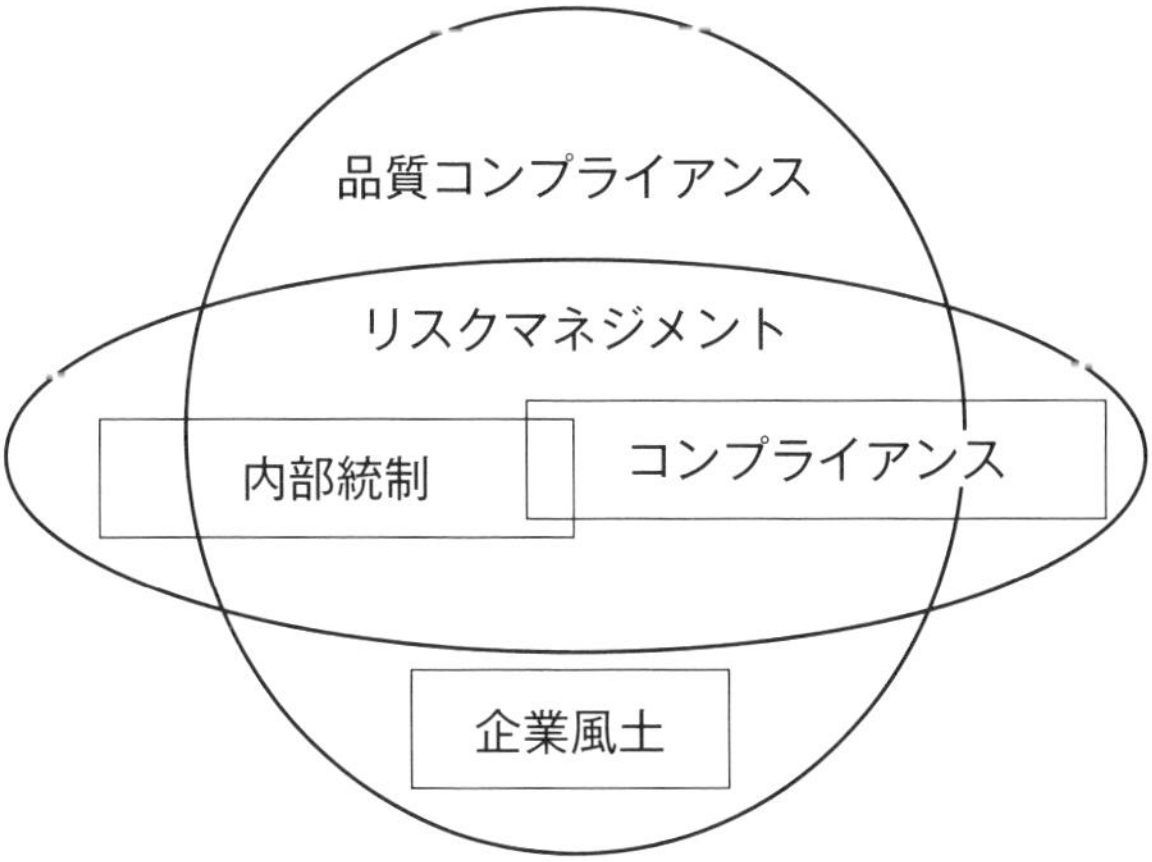

■ **図表25-1**　品質コンプライアンスの要素。(出所：筆者)

■ **図表25-2** リスクマネジメントと品質コンプライアンスの違い。(出所：筆者)

	目的	対象	対象者
リスクマネジメント	不確実さのコントロール	社内・社外のイベント	従業員
内部統制	健全・効率的な事業	社内	経営・従業員
コンプライアンス	理想像	社内	経営・従業員
品質コンプライアンス	幸せな職場	品質と企業風土	経営・従業員

Q5で説明した不正構造仮説に立って品質コンプライアンスを進めるなら、経営者の在り方から改善することが必要です。従って、品質コンプライアンスの対象は経営者と従業員を含みます。そのためには経営者が品質コンプライアンスの先頭に立って進めないと、効果が出ません。**図表25-2**はこれらの違いをまとめたものですが、完全に分離できるものではありません。

本題である品質コンプライアンスの担当部署をどこに置くかについてですが、これにはモノ作りの専門性が必要なので、品質保証本部か品質統括本部などの中に品質コンプライアンス室を置くのが実効的でしょう。加えて、品質コンプライアンス室はリスクマネジメント部などと業務が重なったり人事部に提案したりすることがあるので、組織横断部署にすると活動しやすくなります。

第3章 品質コンプライアンスとタテ社会

ある機械メーカーで「タテ社会の人間関係が品質コンプライアンスの障害ではないか」という意見を頂いたことがあります。これは、意外に大きなテーマなので、第3章ではこの問題について考えます。

タテ社会とは、人間の上下関係の序列がある社会のことで、社会人類学者の中根千枝氏の著書『タテ社会の人間関係 単一社会の理論』(1)で指摘された日本固有の社会構造です。同書は半世紀以上前に出版されましたが、今でも会社の中はそれほど変わっていないと思います。

この章ではタテ社会と品質コンプライアンスについて、中根氏の著書に基づき筆者の視点を併せて説明します。

(1) 中根千枝、『タテ社会の人間関係 単一社会の理論』、講談社現代新書、1967年2月.

Q26 品質不正の底流にある日本人特有の集団意識とは？

A 中根千枝氏によると、社会集団を構成する要因には「資格」と「場」があります。「資格」とは、氏・素性や学歴、職業など、個人を他と区別する属性のこと。「場」とは、地域とか所属機関（会社）などの社会的な枠のことです。

日本では、ほとんどの人が自分のことを「○○社の人間」と説明し、エンジニアか営業かといった職種を説明する人はあまりいません。これは日本人の集団意識が場を重視することの表れです。

このことは、今でも結婚相手の人となりを説明するときに「△△大学出身で○○社にお勤め」と説明することが多く、その人が人事部にいるのか技術部にいるのかはどうでもよいみたいなところにも見られます。さらに、同じ職種でも他社の人との付き合いはなく、仕事が終わってからでも同じ会社の人と飲みに行くことに、場を重視する考え方が表れています。

従って、会社という枠は閉ざされた世界になり、その中でのみ通用する先輩・後輩や親分・子分といった序列意識が生まれます。この序列はその組織に入った順序で決まるのが普通です。例えば、同期入社の中には浪人経験者やストレートで大学を卒業した人がいて、年齢が違っていても同期入社組の中ではため口で会話します。またストレートで大学を出て入社した人は、翌年入社した大学院卒の人より年下になりますが、先に入社した学卒の人が先輩格になることが珍しくありません。

会社を辞めて転職した際には、転職先での序列を再構築することになります。そのときに入社順の序列になるか大学の卒業年度で測るかは職場によって異なるでしょう。序列に関しては会社が方針を示しているわけではないので、転職には序列の再構築という心理的なハードルが伴います。つまり序列は終身雇用社会と相性がよいのです。

日本の企業では序列をはっきりさせないと、相手を呼び捨てにしてよいか、敬語で話すべきなのかで仕事の会話に困ります。老舗の大企業ほど序列意識が強く、それは年功序列制度につながります。後輩や子分が自分の上司になることには耐えられないと感じる人がほとんどだからです。

Q27 品質不正の底流にある組織の人間関係とは？

A 序列というタテの関係でつながっている社会や組織の特徴を「タテ社会」と呼び、日本に固有な社会構造と言われます。逆に、ヨコの関係性でつながっている社会を「ヨコ社会」と呼び、インドがその例とのことです。そして、インド人は場より資格（カースト、職業など）を重視するそうです。

タテとヨコ以外には契約で結ばれる人間関係というものがあります。これを契約社会と言い、欧米諸国がその例です。中世の欧州では傭兵《ようへい》部隊が国主と契約して戦争に加わっていました。傭兵部隊は条件次第では、雇い主を代えることもありました。傭兵部隊にとって戦争はビジネスであり、命を捨てては意味がないので、ほどほどに戦っていたようです。

傭兵と違って、中世の十字軍は命を惜しまず戦ったことが知られています。これは宗教行為なので国（場）のための行動とは違いますし、キリスト教はヨコ社会型の宗教と言われています。従って、欧米諸国はキリスト教のヨコ社会と契約社会の複合型になっていると考えられます。

一方、日本の戦国時代には「忠臣は二君に仕えず」という言葉があったように、主従関係は固定的でした。自分が死んでも子孫が取り立ててもらえるので、武士は主君と家のために命を惜しまなかったのです。これは傭兵ビジネスと明らかに違うもので、日本のタテ社会は戦国時代には存在していたのです。さらに、江戸時代には脱藩は重罪で、人々は藩という場に代々縛られていました。

これは今でも残っていて、私たちが友人を思い出すとき名前（姓）が出てこなくても、「○○県出身の人」だったと、出身地と顔は覚えていることがあります。確かに、名前（姓）は資格で、出身地は場ですから、資格より場で考えているのです。タテ社会の人間関係は日本の歴史の中で根づいてきたものなので、簡単には消えないでしょう。問題は日本の工業化が欧米並みに進んできたものの、社内の人間関係はいまだにタテ社会のままだということです。

Q28 タテ社会と品質コンプライアンスの関係は？

A タテ社会型の組織の中には幾つかの大集団があり、その下には中集団、さらにその下には小集団ができます。これは会社なら部や課のことで、上位集団と下位集団の間はタテの関係で強く結ばれています。それぞれの集団の中は、頂点の親分と配下の子分たちとが強い関係で結ばれていて、子分たちは自分の親分のために頑張ります。これは論理的な関係性というよりも感情的な関係性です。

もし、上司が部下に品質不正を指示したとき、部下がその指示に従ってはならないのは論理的に明らかです。しかし日ごろからお世話になっている上司に従い、検査結果を改ざんしてしまうのは、感情的な関係性を重視しているからです。

タテ社会型の会社では、社員は社長のためではなく、自分の上司のために頑張って働いています。その結果、**図表28-1**のように、会社全体が効率よくタテの強い絆でつながります。この一体感はタテ社会型組織の強みであり、日本企業の強みでもありました。しかし強みというものは、必ずいつか弱みに変わります。

歴史のある大企業ほど、こうした強いタテ社会になっていると言えます。タテ社会には発言力に序列があり、会議では序列の上の人の意見が一番重視され、序列の下の人が上の人に対立意見を言うことはまずありません。最近では、これを忖度《そんたく》と言うようになりました。発言力の序列は、品質コンプライアンス上の弱点にほかなりません。

一昔前までは新入社員が上司に意見すると、「空気が読めない」と言われることもありました。この場合の「空気が読めない」という言い方は、序列を絶対視することの表れです。一方、忖度には序列を重視してきた過去への反省が込められているので、少しはよくなってきています。

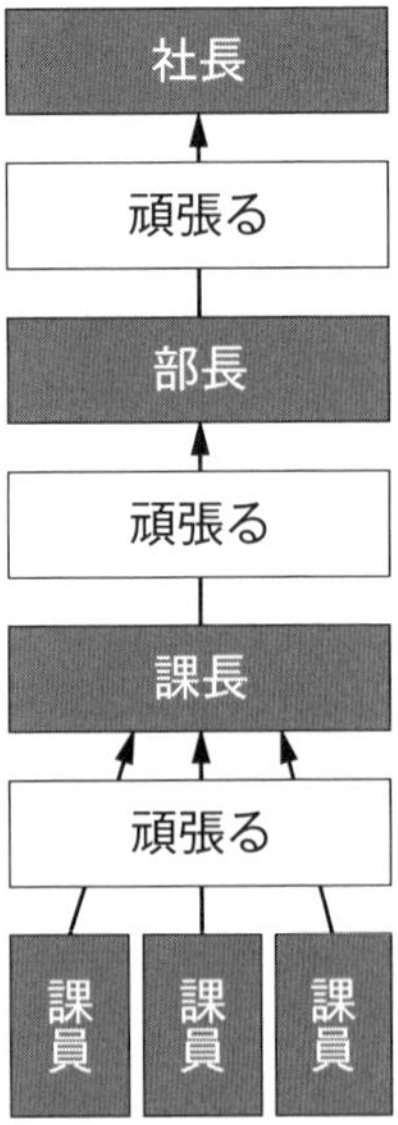

■ **図表28-1**　上司のために頑張るタテ社会の一体感。（出所：筆者）

Q29 タテ社会は品質コンプライアンスの障害か？

A

これは、ある機械メーカーの方からの質問です。もし「タテ社会が品質コンプライアンスの障害」だとすると、これは意味の深い仮説です。なぜなら、タテ社会は日本固有の社会構造なので、品質不正は日本企業に固有の問題になるからです。

明治時代以降、タテ社会型の日本に欧米型の先進的な産業を導入して成功し、日本の製造業は世界のトップレベルまで発展しました。しかし品質不正が続いている近年の状況を見ると、このビジネスモデルに限界がきているのかもしれません。

親分・子分の関係が強すぎる職場では、「上司の指示は絶対」です。そのような職場では、できないことを「できない」と言えないので、品質不正に陥りやすいと言えます。また、親分が強すぎると、パワーハラスメント（パワハラ）が日常化しやすくなります。これも品質不正の原因になります。

タテ社会には「ウチの者」と「ヨソ者」という差別意識があります。「この差別意識が強まると『ウチの者』以外は人間ではなくなり、『ヨソ者』に対して排他的になります」[1]。これはムラの閉鎖性として知られてきましたが、最先端の科学技術で勝負しているメーカーでもあまり変わっていません。

会社の中には、部署ごとにタテ社会ができているので、それぞれの部署の中の人は「ウチの者」であり、他部署の人は「ヨソ者」になります。これは排他的なセクショナリズムそのもので、第1章のQ12で説明したように品質不正の原因になります。

垂直型昇進システムは日本企業によく見られる人事システムで、部署の中で最も優秀な人が課長、部長、事業部長と昇進していく仕組みです。このような組織では一番頑張った子分が次の親分になれるので、子分たちは皆頑張り、組織のパフォーマンスを高めやすいという長所があります。垂直型昇進システムはタテ社会と相性がよいのです。

垂直型昇進システムの会社では部署ごとに人の出入りが少なく、部署のメンバーは家族化しているので、人間の上下関係が固定化されています。自分の部下はいつまでも部下のままでいてくれるので、親分・子分の関係はさらに強まります。また、管理職が保身のために優秀な部下を囲い込むため、人事ローテーションが滞

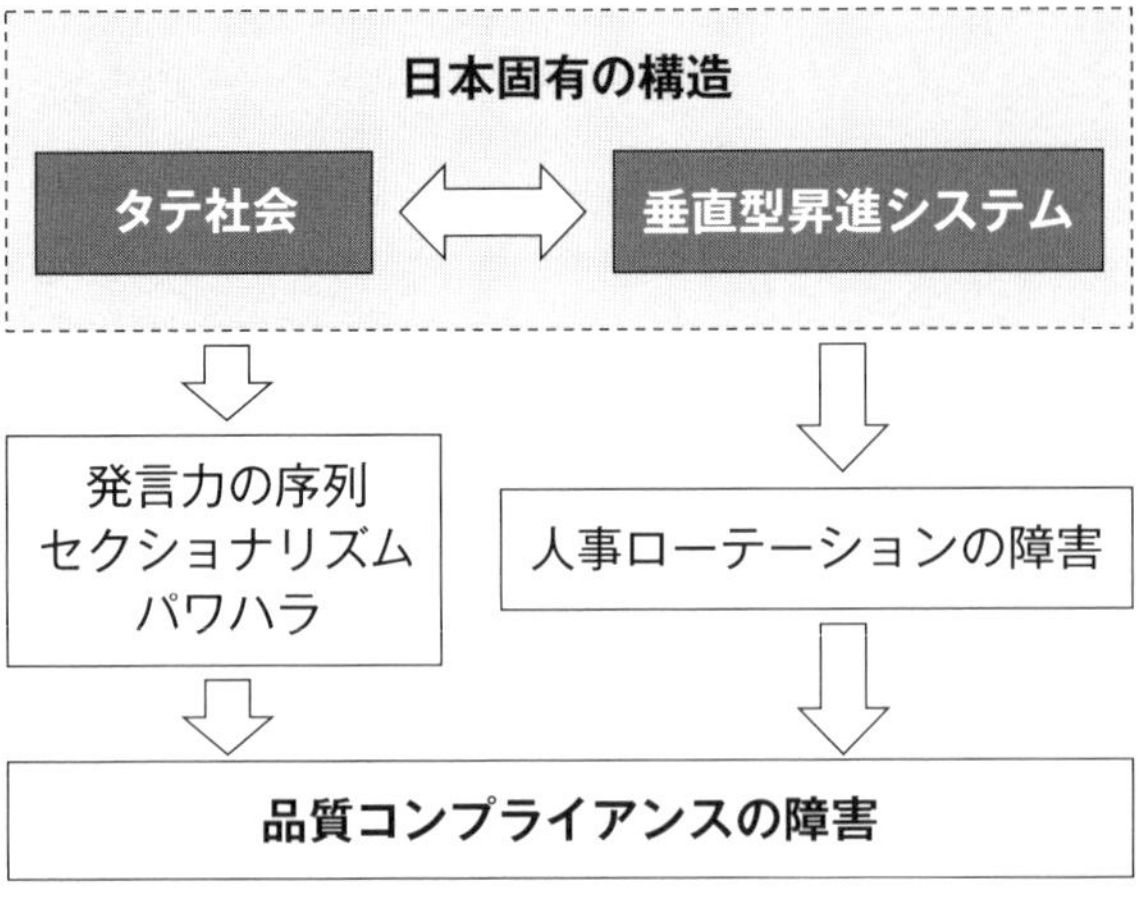

■ **図表29-1**　タテ社会と品質コンプライアンス。（出所：筆者）

ることにもなります。こうした垂直型昇進システムの問題については、第4章のQ39でさらに考えます。

以上のように考えると、タテ社会の人間関係は品質コンプライアンスの障害になるところがあると言えます。**図表29－1**はこの構造をまとめたものです。このように考えてくると、品質不正は日本の大企業に多い風土病のようなものかもしれません。

《事例》タテ社会が生んだ、小林化工のジェネリック不正

ジェネリック医薬品の品質不正は小林化工での不正が発端（2020年）となり、その後も多くの製薬企業で不正発覚が続きました。小林化工の調査報告書によると、同社では次のような不正が行われていました。[2]

- 研究開発本部で承認申請のための試験不正
- 承認書と違う方法での製造不正

そして従業員ヒアリングで次の回答があったとしています。

●上位者の指示は絶対であり、下からの問題提起が許されない風潮があった
●軍隊のような組織だった

このことから調査報告書は、「上位者の指示を絶対視する風潮が不正を拡大・温存させた」と指摘しています。この報告書はタテ社会について言及していませんが、強いタテ社会が品質不正の背景にあったことが分かるケースと言えます。

(1) 中根千枝、『タテ社会の人間関係 単一社会の理論』、講談社現代新書、1967年2月.
(2) 小林化工特別調査委員会、調査結果報告書(概要版)、2021年4月16日.

Q30 タテ社会の人間関係はどこから切り崩せばよいか?

A この質問も、Q29と同じ人によるものです。日本の長い歴史の中で定着してきたタテ社会体質を短期間で変えることは難しいでしょう。タテ社会の人間関係が品質コンプライアンスの障害だとすると、日本メーカーでは、品質コンプライアンスの向上は難しいと

いう結論になります。タテ社会の構造を切り崩したいという考えは、本質的すぎて難しい課題です。

この質問を頂いたとき、筆者はこの問題の奥深さに気づいていませんでしたが、その後大きな問題提起だと考えるようになりました。しかし「できないことはできない」と言うべきだとしている筆者としては、「タテ社会は100年くらいでは変わらないだろう」としか言えません。

その一方で重要なヒントがあることも分かります。それは、品質コンプライアンスを推進する際に、「日本固有のタテ社会の人間関係」を念頭に置くことです。すると、欧米型のガバナンスやリスクマネジメントを輸入するだけでは、日本メーカーに固有の風土病を治せないと気づきます。品質管理の高度化についてもしかり。国際規格のISO9001では、品質コンプライアンスに手の届かないところがあってもおかしくはありません。

タテ社会という根深い風土を少しでも掘り返すためには、社内の閉鎖性やセクショナリズムを直すことから長期的に取り組んでいく必要があります。その際、垂直型昇進システムを見直すことや、上司に自由に意見を言える職場にすることが重要です。手前味噌になりますが、品質不正防止の7箇条はタテ社会の弊害をなくすことにもつながっています。

Q31 タテ社会の組織において、品質コンプライアンスを高める管理職の在り方とは？

日本企業はタテ社会型の人間関係によって、社内の一体感や効率性を高めて成功してきました。しかし「この強みは弱みになるかもしれない」と気づいていないのではないでしょうか。この気づきこそが、タテ社会の強いメーカーにおいて品質コンプライアンスを考える出発点になるのです。タテ社会の弊害や根深さを知っていれば、品質コンプライアンスを高めるための新たな知恵を得ることができます。

一番頑張った子分が次の親分になれるのは、能力主義のように見えますが、これは業績主義です。人の能力と業績は似ているようで別のもの。このことは優れた実績を上げたスポーツ選手が優れた監督になるとは限らないことから分かります。

技術者が管理職に昇進するときに必要な能力は優れた技術力や業績ではなく、マネジメント力です。しかしマネジメント能力の測り方は分からないので、年功序列で管理職に昇進させ、マネジメント研修を受けさせてマネジメント力を付けさせているのです。

逆説的に言えば、タテ社会型の会社では優れた管理職が育ちにくいのです。管理職にとって、自分より部下のほうが優れていても、それは恥ずかしいことではありません。この気づきがあれば、肩の無駄な力を抜けます。部下の考えを尊重して仕事に生かせば、誰もが優れた管理職になれます。

話をよく聞いて仕事に反映させてくれる上司の下では、部下はいいかげんなことを言えなくなります。ますます真剣に仕事のことを考えるようになり、未来を切り開くアイデアを考えるように育ちます。もし品質コンプライアンス上の問題があれば、その相談にも来るでしょう。管理職は部下の優秀さを妬むのではなく、部下を生かす黒子に徹すれば、自分も芯から輝くようになれるはずです。これがタテ社会の会社で、品質コンプライアンスを高めるための管理職の在り方です。

第2部

全社的な課題解決

品質不正は決して現場だけの問題ではありません。現場が品質不正に手を染めるまで追い込まれるのは、開発日程を遅らせられないなど現場レベルでは解決できない無理難題が突きつけられているからです。それをなくしていくためには、人事をはじめ、全社的な取り組みが必要になります。

第4章 人事ローテーションの活性化

定期的な人事ローテーションは品質コンプライアンスの基本です。その理由は、同じ人間が同じ業務に長年携わっていると、取引先との癒着や職場でのなれ合いが生まれ、不正が起きやすいからです。

人事ローテーションを活性化したくても「現場の抵抗が強いので難しい」という話はいろんな会社で聞くことで、人事の問題は最も関心のあるテーマです。これは、「品質コンプライアンスの要は人事にある」と気づいた人が増えたことの表れでしょう。第4章では、人事ローテーションを活性化させるための課題について考えます。

Q32 現場に人事権を委譲することの盲点は何か？

A かつては、人事部が採用、異動、昇進などの権限を握っていました。しかし近年は、現場への権限委譲が進み、事業部長や部長に人事権を持たせる会社が増えているようです。

現場に採用の権限があれば、現場で必要な専門性に優れた人を確保しやすくなるので、キャリア採用にはマッチしたやり方だと思います。筆者も昔、キャリア採用で欲しい人材がいましたが、人事部受けするタイプではなかったため不採用にされたという苦い経験があります。もちろん、新卒学生の採用では、現場は面接に関わる程度でよいと思います。

部署内の人員配置や課長、係長への昇進が現場に権限委譲されていれば、早く意思決定できるメリットがあります。一方で、効率優先の人員配置になるでしょうから、部署間格差が固定化しやすいところが気になります。

一番の問題は、事業部や部をまたぐ人事異動が滞りやすいことで、優秀な人が囲い込まれることです。これはセクショナリズムを強めることになり、この点でも好ましくありません。事業部長や部長が人事権を持つと、第3章で見てきたタテ社会をさらに強めることになります。

従って、そのような会社では、品質コンプライアンス上の弱点に対して本社から監視が効くようにします。そして何より、上下対流を含む人事ローテーションを、会社の方針として推進する必要があります。

Q33 人事ローテーションで品質不正発覚につながった事例はあるか？

A 公表するまでには至らなかった小さな品質不正はどの会社にもあるようで、講演先で耳にすることが少なくありません。

ある化学メーカーでは、研究所の担当者が製品開発のために性能試験データを改ざんして、性能を良く見せかけていました。その後人事ローテーションがあり、後任者がその製品の性能試験を行ったところ所定の性能が得られないことに気づきました。後任者は過去のデータを調べ、試験データが改ざんされていたことを突き止めたのです。まだ量産化される前のことだったので大事には至らなかったものの、その部署では大失態でした。

このケースでは、担当者の人事ローテーションによって不正を検知できましたが、経営者の人事ローテーションで品質不正が発覚したケースもあります。

《事例》新CEOが突き止めた、住友ゴム工業の自動車タイヤ不正

住友ゴム工業では、2021年に兵庫県の加古川工場で防舷材の検査不正が発覚し、南アフリカ共和国の100％子会社Sumitomo Rubber South Africa（SRSA）でも自動車用タイヤの品質不正が発覚しました。SRSAでの件に関する調査報告書[1]によると、不正の内容は、製品の性能検査時に顧客の承認を得ずに現場の判断だけで検査方法を緩めていたことなどです。

実は、SRSAでは2021年1月に最高経営責任者（CEO）が退職しました。すると、新しいCEOがある製品の性能が悪化していることに疑問を持ち、原因究明のために関係者から事情を聞いたところ、工場の幹部が検査不正を申告したのです。これは同年1月27日のことですから、新しいCEOは就任直後に製品の品質に懸念を持ち、不正を見つけたことになります。そして、親会社の住友ゴム工業にこの問題が伝えられたのは同年2月、公表は同年7月でした。

この事例からの学びは、経営者も、現場の業務に十分な関心を持つべきであるということ。もちろん、これは経営者だけの話ではなく、各地の工場に赴任する管理職も同様です。

ただし、公表の遅れについてはそれなりの事情があったのかもしれませんが、ガバナンス

の機能不全や隠蔽体質を疑わせることになれば信頼回復が遅れます。品質コンプライアンスに取り組む人の熱意を無駄にしないためにも速やかに公表すべきでした。

《事例》異動直後の担当者が気づいた、沢井製薬のジェネリック不正

２０２０年から２０２１年にかけて、ジェネリック医薬品の品質不正が相次いで発覚。２０２３年には、ジェネリック最大手の沢井製薬で品質不正が発覚しました。同社はサワイグループホールディングスの中核子会社です。

サワイグループホールディングスの[2]調査報告書によると、問題があったのは、胃薬「テプレノンカプセル50mg（サワイ）」です。これの経年劣化を調べる安定性モニタリング試験で不正が行われていました。顆粒《かりゅう》を閉じ込めるカプセルは経年によって溶けにくくなっていたため、担当者がカプセルの中の顆粒を取り出して新しいカプセルに詰め替えて試験をしていたのです。試験の目的を考えれば、誰が考えても「アウト」なやり方ですが、２０１５年から２０２３年まで続いていました。

実は、本件の発覚にも人事ローテーションが効いています。同社の九州工場の品質管理課に異動した担当者が、その半年後（２０２３年４月）にカプセルの溶出試験を行ったところ、

規格を満たすように溶けなかったのです。品質管理課でこの問題の調査を進めたところ、カプセルの詰め替えが行われていたことを突き止めました。

本件も、不正の原因として品質管理部の人員不足と試験担当者の固定化が指摘されています。

(1) 住友ゴム工業特別調査委員会、調査報告書(要約版)、2021年11月9日.

(2) サワイグループホールディングス、「当社子会社における特別調査委員会からの調査報告書の受領及び再発防止策に関するお知らせ 調査結果報告書(概要版)」、2023年10月23日.

Q34 人事ローテーションが品質不正防止につながらなかった事例はあるか?

A

前述の住友ゴム工業では残念なケースもありました。同社の加古川工場では防舷材の受注生産が行われていましたが、PIANC(国際航路協会)のガイドラインに沿った圧縮試験で検査データが改ざんされていたのです。

《事例》「自分も不正せざるを得なかった」、住友ゴム工業の防舷材不正

本件の調査報告書(1)によると、防舷材の不正は30年以上も続いていました。この不正に関しては、ある担当者が2007年に急死したため、後任者が圧縮試験を担当することになりました。しかし後任者がある製品の圧縮試験を行ったところ、合格しなかったのです。突然の交代で引き継ぎを受けていなかったため、後任者は「前任者が数値を改ざんしていた形跡があったので、自分もそうせざるを得ないと覚悟し、心ならずもデータ改ざん作業を行ってきた」とのことです。

本件は、後任者が不正に気づいたのに、それを引き継いでしまったという残念な事例です。なぜ上司に相談しなかったのかが気になりますが、このケースでは不可能でした。なぜなら、工場の技術部長が製品の性能不足を知っていて、ひそかに改善努力を続けていたからです。部長クラスが不正を知っている部署では、担当者レベルでは頼りになる相談相手が近くにいません。

この事例は、人事ローテーションというよりも突発的な担当者の交代ですが、上長が不正に関わっているケースでは、人事ローテーションを行っても不正を防止しにくいと言えます。この事例からは、不正防止には、担当者をローテーションさせるだけではなく、幹部の

ローテーションも必要であることが分かります。

（1）住友ゴム工業特別調査委員会、調査報告書「防舷材の不適切検査について」、2021年11月5日.

Q35 効果を発揮する人事ローテーションのポイントは？

A

ここまで見てきた事例から分かるように、担当者やマネジャー、経営者など全ての階層で人事ローテーションを定期的に行うことが品質コンプライアンスの基本です。

人事部が陥りやすいのは、異動する人数を増やせばよいと勘違いすることです。なぜなら、どれだけの人が異動したかという量ではなく、どのような人が異動したかという質が重要だからです。これは、第2章Q15の「品質不正防止の7箇条」の第1条「日陰の人に光を」と第6条「人事異動をポジティブに捉えよ」で説明したことです。つまり、部署間格差の強い会社では、格差を撹拌《かくはん》させるために上下対流を伴う人事ローテーションが必要なのです。

図表35-1は、格差の上下対流を起こす人事ローテーションのイメージです。このような人事ローテーションが行われていれば、どの部署が強くてどの部署が弱いという格差もなく

なっていきます。品質コンプライアンスのためには部署間格差をなくすような人事ローテーションを実践してください。

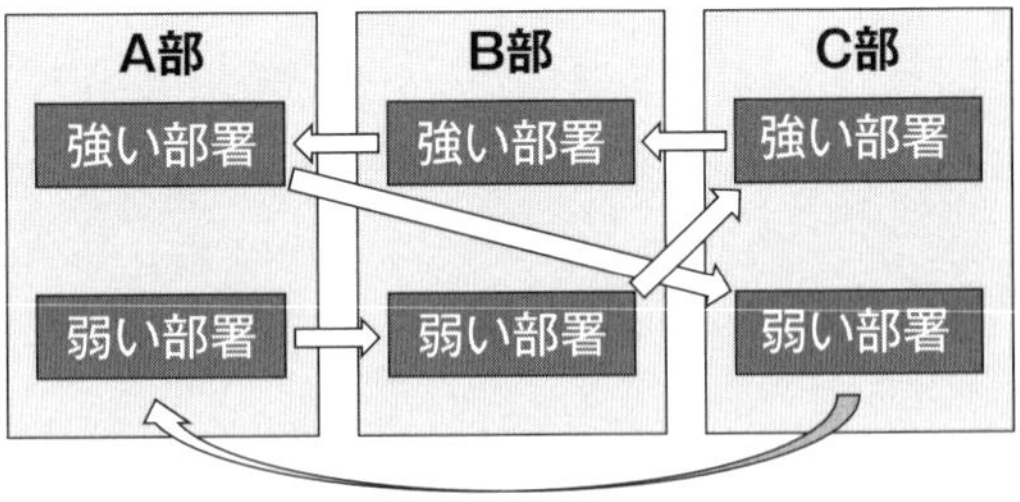

■ **図表35-1**　上下対流を含む人事ローテーション。（出所：筆者）

Q36 再発防止策で人の上下対流を含む人事ローテーションが提言されたことはあるか？

A あります。第1章のQ7で説明した、ダイハツ工業の衝突試験不正のケースがそうです。

《事例》ダイハツの衝突試験不正の再発防止策で人事ローテーションに言及

本件の調査報告書[1]では、不正の背景として「人事ローテーションが少なく、人事が固定化されている」ことを指摘し、再発防止策が次のように提言されています。

「くるま開発本部内の部をまたぐ人事ローテーションや業務上関連が高い品質統括本部との人事ローテーションの実施・強化は、各部門からの反対が強くてもぜひ実施すべき施策である」

この一文からは、開発本部内の人事ローテーションだけではなく、開発本部と品質統括本部間の人事ローテーションも提言していることが読み取れます。この提言は、Q35で説明した、上下対流を含む人事ローテーションに通じるものです。
その一方で、「各部門からの反対の声が強くても」のくだりからは、提言にあるような人事ローテーションにはやはり現場からの抵抗が根強いことがうかがえます。

（1）ダイハツ工業第三者委員会、調査報告書、2023年12月20日.

Q37 製造部署と検査部署との人事ローテーションを行っても、検査部署から意見が上がってこないのはなぜ？

A この質問をした人の会社では、Q35で説明したような、上下対流のある人事ローテーションを行っているにもかかわらず、検査部署から意見が上がってこないとのことでした。

それは、人によるのかもしれません。製造部署の人といっても、大きな声で言いたいことを言う人ばかりではありません。あまり声を発しないおとなしい人もいます。そんな人を製造部署から検査部署に異動させても、エネルギーが足りないため、できるだけ元気のよい人を検査部署に送り込むとよいのではないでしょうか。そして、送り込む人には、期待する役割の重要性をしっかりと伝えておくことが重要です。

この点については、次のQ38の例が参考になります。

Q38 製造部門から品質保証部門への異動で成功例はあるか？

A ある化学メーカーで聞いた話ですが、その会社の製造部門には口がうまくて声の大きい人が多いとのことです。製造部門のAさんも、実績があって発言力のある人でした。Aさんはベテランの年齢になってから品質保証本部に異動しました。自分が言いたいことを言うそれまでの立場から一転、言われる立場に変わったのです。

しかしAさんは、製造部門から言われっ放しではなく、品質保証本部として言うべきことをきちんと言っているとのことです。これにより品質保証部門の発言力が強くなったそうです。このケースは品質保証力を強めただけではなく、部署間格差をなくすことにもつながります。

ただし、このような人事ローテーションにはリスクもあります。開発・製造部門から品質保証部門に異動した人は、以前担当していた製品に詳しいという理由で、その製品を担当することがあります。もし、その人が開発・製造段階で性能偽装をしていたなら、その不正へのチェックが効かなくなります。

従って、開発・製造部門から品質保証部門に異動した人には、前任部署の製品を担当させない体制にすることが基本です。

Q 39 垂直型昇進システムの問題はどのようなものか？

A

垂直型昇進システムは、それぞれの部署で最も実績を上げた人が係長、課長、部長、役員へと昇進する人事システムです。

第3章のQ29で触れましたが、このシステムの問題点は人事ローテーションが難しくなることです。ある人が課長に昇進すると、その人は自分の課の業績アップのために、エース級の部下を囲い込むようになるからです。もし優秀な部下をライバル部署に獲られて、ライバル部署の業績が良くなれば自分の出世に不利になります。このことは、強いセクショナリズ

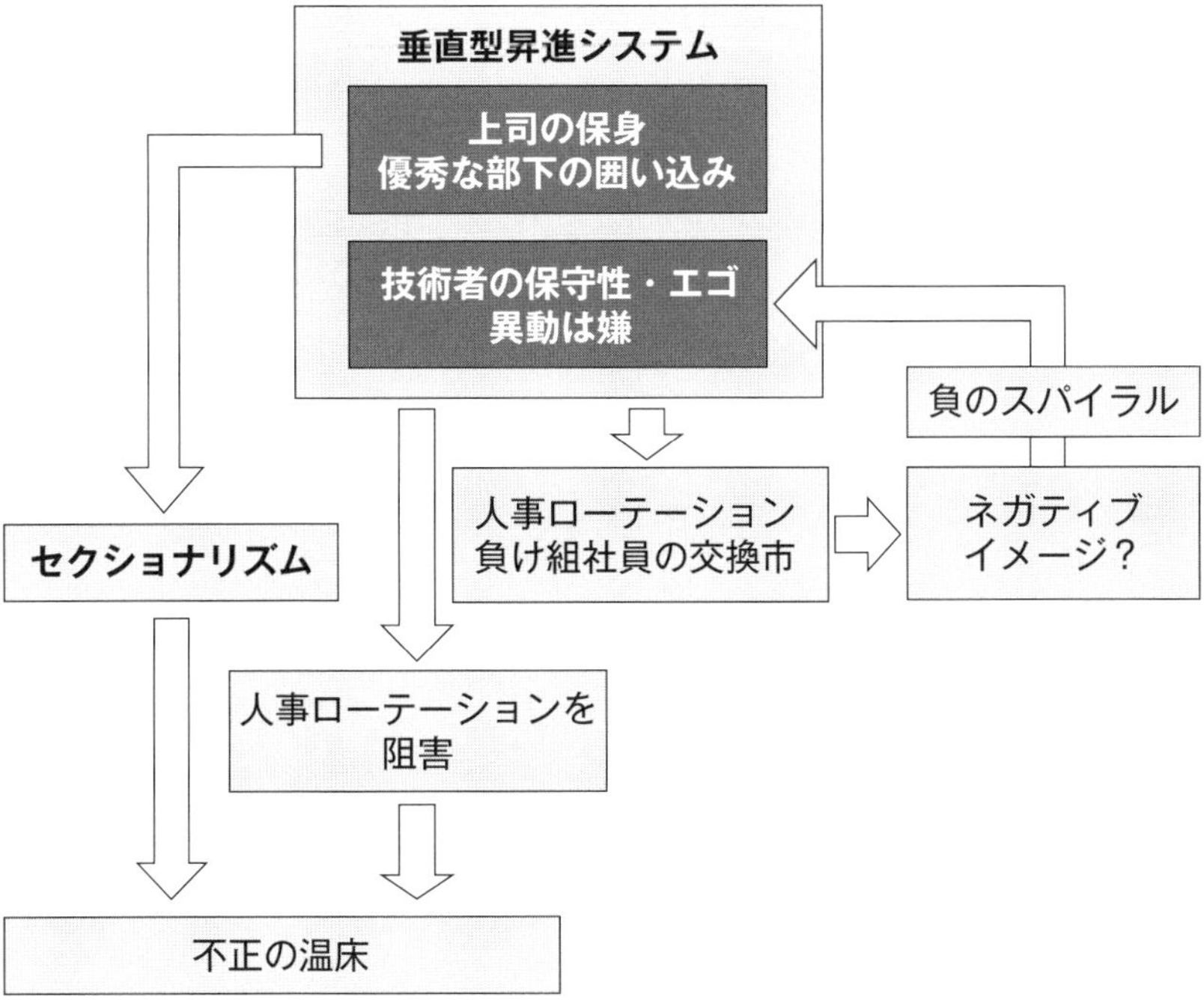

■ **図表39-1**　垂直型昇進システムは不正の温床。（出所：筆者）

ムにつながります。

一方、担当者にとっても、異動することなく同じ分野で専門性を深めたほうがハッピーです。他部署に移って新しい分野で一からスタートするのは、大きなハンディになるからです。従って、エース級の技術者ほど異動したいとは思わず、また発言力もあるのでその主張が通りやすいのです。エースの異動は、上司にとっても本人にとっても不都合な人事と言えます。

このような会社では、人事異動の対象者は出世の階段を真っすぐ上がれなかった人ばかりになります。すると、異動の発令を受けた本人はがっかりし、周りもその人を「勝ち組ではない」と見なすようになるでしょう。このように人事異動にネガティブなイメージがあると、人事ローテーションを嫌がる人が増え、人事ローテーションはますます困難になる、負のスパイラルループが生まれてしまいます。

図表39－1はこうした関係をまとめたもので、垂直型昇進システムが不正の温床を生んでいることを示しています。

Q40 人事異動をポジティブなイベントにするためには?

A

「品質不正防止の7箇条」の第6条「人事異動をポジティブに捉えよ」は、多くの人たちに新しい気づきになるようです。しかし、そのためにはどうすればよいのかというのがこの質問です。

垂直型昇進システムはモチベーションアップと業績向上に効果的ですが、品質コンプライアンスの観点ではQ39で見てきたような弊害があります。

この弊害をなくすために、部課長への昇進には「他部署を経験したこと」を条件とする人事施策が考えられます。これにより、上司は優秀な部下を囲い込むことを諦めます。部下たちも、昇進のために異動を覚悟するはずで、異動のイメージもネガティブなものからポジティブなものに変えることができます。

Q35で述べた上下対流を起こす人事ローテーションは、強い部署から弱い部署への異動を左遷と受け止めなくなる風土を育てます。どの部署にも優秀で元気のある人がいる会社は、部署間格差が小さいはずです。

Q41 技術者の定期的な人事ローテーションは専門性の観点から難しいのでは？

A 人事ローテーションの活性化の話をすると、営業や管理職のように2、3年で異動するイメージを持つ人が少なくありません。しかし筆者は、頻繁なローテーションを期待しているのではなく、10年に1度程度のペースでもよいと考えています。技術者を10年に1度のペースで異動させるのであれば、育成の面でそれほど無理があるとは思えないからです。

これを50人規模の部で考えると、毎年5人の出入りがあります。3年で3割の人が代わるので、人が固定化していないと言えます。組織の活性化や不正防止のために外部の目を入れるという目的には、一部の人の入れ替えがあるだけでも相当な効果があります。

加えて、ビジネスのライフサイクルを考えれば、同じような製品がいつまでも売れるとは限らないので、10年に一度の異動は視点を変えるきっかけになります。大学で学んだ専門知識は3、4年次の2年間程度、修士課程まで進んでも4年間学んだだけにすぎません。大学での専攻分野を会社に入っても続けられる人は限られ、多くは別分野の仕事に就いているはずです。同じ仕事を5年も続ければ、立派な戦力になるのではないでしょうか。

Q42 「キーマンに抜けられると困る」と言われないようにするためには？

A 人事ローテーションを活性化すべきだと分かっていても、難しいのは現場の抵抗が強いからです。特に人事権が現場に委譲されていると、部署間の人事異動の壁は高くなります。

「○○君を出すとやっていけなくなる」——。現場の部長からこう言われると、人事部としては腫れ物に触るような人事ローテーションしかできません。これが、人事ローテーションをパッとしない社員の交換市にしてしまう最大の原因です。

こうした抵抗をする管理職は優秀な部下に頼りすぎで、マネジメントの怠慢と考えてよいでしょう。怠慢な上司の下にエース技術者がいつまでもいたいと考えているとは限りません。そのような上司に縛られ続けるくらいなら、別の会社に飛び出してしまうかもしれません。

優秀な技術者は会社全体の財産なので、怠慢な上司の私物にさせないようにすべきです。管理職は日ごろから人材流出のリスクに備え、次のエースを育てておくようにします。

また、部課長クラスの人事評価がその部署の業績評価に偏っていることも、優秀な部下が囲い込まれる原因です。人事ローテーションに協力的であるかなど、全社的な貢献度を人事評価の項目に加えてはどうでしょうか。

一方、キーマンに抜けられると困る状況を、担当者がつくり出していることもあります。異動したくない技術者は、「自分を出すとやっていけなくなる」ようにするために、仕事を属人化させることがあるからです。これは優秀な技術者だけの話ではなく、存在価値を問われそうなパッとしない人も、自分が放出されないように仕事を属人化させることがあります。いずれのケースも風通しの悪い職場であることは間違いないので、仕事を属人化させないようなマネジメントが必要です。

マネジャーが部下の仕事を属人化させないようにしたくても、部下の抵抗があるでしょうから、業務を属人化させないことを会社の方針として打ち出すことが重要になります。

ある財団法人でのグッドプラクティス

Aさんは、ある財団法人の優秀なチームリーダーでした。Aリーダーの部署に配属された新人のBさんは、Aリーダーの指導の下で仕事をこなしていました。その後、Aリーダーの異動が発令されると、Bさんは不安を伝えました。

「Aさんがいなくなると、仕事をやっていけるか自信がありません」

これを聞いたAリーダーは次のように答えました。

「私がいなくなってB君が困るようなことになれば、それは私の責任だ」

Aリーダーは自分がいなくなっても困らないようにBさんを指導してきたのでしょう。このような上司は背中を見せて人を育てることができるのです。

Bさんにとってはずいぶん昔の出来事ですが、この話を覚えていて筆者に話してくれました。きっとBさんも部下をうまく育てていることでしょう。

仕事を属人化させない人

私事ですが、取材や講演の依頼があるときは、前職の大学に問い合わせが入ることが少なくありません。今は個人情報を軽く扱えないので、大学から筆者に確認を取ってから先方に連絡先を伝える仕組みになっているようです。

ある日、その大学の職員のCさんからメールで取材依頼の問い合わせが入りました。Cさんは以前大変お世話になった人で、最近広報課に異動していたのです。取材が増えそうなタイミングだったこともあり、「今後は私に確認しなくてもよいので、先方に連絡先を直接伝えてほしい」と返信しました。広報課にとっては仕事が減るし、ニュースのように緊急性のある取材では問い合わせをした側も助かります。

属人化が起きやすいのは、実はこのようなときです。Cさんが自分を職場に欠かせない存在にしようと考えたら、この扱いを自分だけの特権にしかねません。しかし、Cさんは違いました。筆者に「この扱いを広報課で共有してよいか」とすぐに確認してきたのです。Cさんらしい素晴らしい判断と思う一方で、本来なら筆者が気づくべきでした…。

Q 43 品質コンプライアンスを向上させる社内公募の在り方は?

A 社内公募は、部署間格差に風穴を開けることと、人材がよどみやすい部署に出口をつくることによって、品質コンプライアンスを向上させる効果があります。

社内公募に手を挙げる人といえば、今の自分の仕事に将来性を感じない人が少なくありません。従って、職場から社内公募に手を挙げる人が出るのは、そこの管理職にとって不名誉なことです。タテ社会の強い職場では、社内公募に手を挙げる人は脱藩者扱いされかねません。とはいえ、維新の志士や新選組では脱藩者が活躍し、時代を動かした主役でした。

社内公募に手を挙げる人は自分を信じて新しい未来を開こうとしますから、誰よりも意欲的な人に違いありません。その部署の管理職にしてみれば甚大な戦力ダウンで、不名誉とのダブルパンチです。下手をすると、社内公募する側の部署による強引な引き抜きに見られるので、多くの部署から猛反発を食らうでしょう。短絡的な人材確保のために社内公募を使うのは、弊害のほうが目立ちます。

また、社内公募で選ばれた人が、未知の分野で必ずしも活躍できるとは限りません。うまくいかなかった人が前任部署に戻れたり、他部署に異動できたりするような道を残しておく必要があります。そのためにも、公募を単発的な引き抜きにしてはならないのです。

従って社内公募制を導入するには、人材配置やキャリアデザインについての会社方針を明確にし、社内公募制度を恒久的な人事施策とする必要があります。これを現場に周知させることによって、管理職は保身のために部下を囲い込もうとはしなくなります。そして、いつエースが抜けても困らないように、日ごろから人材育成に取り組むようになります。

これが全社に展開できれば、セクショナリズムをなくすことにもつながります。パッとしない部署に埋もれている人にもチャンスが生まれて希望が湧くようになり、社内の活性化にもつながるはずです。

《事例》三菱ケミカルの人材配置は原則社内公募

「WEB労政時報」[1]によると、三菱ケミカルは2020年10月に社内公募制度を導入しました。同社の社内公募は年に4回あり、制度の導入から2年で延べ3400件の公募が行われ、このうち約1200件についてマッチングが成立し異動が実現したとのことです。

これは1年当たり600人が異動した計算になります。同社の従業員数は約5万4000人なので、1年当たり1%強の人が社内公募で異動したことになり、全社的な展開が成功したようです。

三菱ケミカルのWebサイトによると、[2]「人材配置は社内公募による異動を原則」とし、その理由については「一人ひとりがキャリアデザインを考え、習得したいスキルや経験、実現したい事に取り組める機会を、自らつかみ取ってもらうため」としています。

こうした取り組みは、多くの企業に広がってほしい一方で、注意点もあります。社内公募による異動が原則になると、異動したくない人は同じ部署にずっと居続けられるからです。この点が、品質コンプライアンスの面では気になるところです。

（1）WEB労政時報「適所適材の異動・配置進める　社内公募制度の運用事例」、https://www.rosei.jp/readers/article/84813

（2）三菱ケミカル「CULTURE & WELFARE」、https://www.m-chemical.co.jp/saiyo/culture-welfare/

Q44 地味な部署のモチベーションを上げるにはどうすればよいか？

A 地味な部署には色々ありますが、ここでは調達や物流部署のモチベーションアップを品質コンプライアンスの視点で考えます。

地味な部署には一般に、パートや派遣社員などの非正規社員が多いと考えられます。非正規社員のモチベーションを高めるには、正規社員がその人たちにいつも感謝の気持ちで接することが重要です。そして、それができるためには、正規社員自身が高いモチベーションを持つことが前提条件になります。正規社員がくすぶっていては、その下で働く非正規社員までくすぶってしまうからです。

正規社員のモチベーションを高めるには、社会的なバリューやプレセンスを高める活動を支援する方法があります。例えば、物流や調達などの研究会に参加させれば視野が広がります。そこでは情報収集だけではなく、いずれは研究発表をしてほしいものです。論文を書くのは敷居が高いと思うかもしれませんが、大学などの研究者と組めばそのレベルに早く進めます。

物流や調達の世界で会社のプレゼンスをアピールできれば、会社の新たな強みが生まれます。これによって社内の部署間格差を崩すことにもなります。

第2章のQ17で述べたように、社内報で地味な部署にスポットライトを当てることも効果的です。もちろん、その場合には非正規社員にも登場してほしいと思います。

以上は、精神面での支援策になりますが、キャリア面でも期待感を持てることが何よりも重要です。具体的には、地味な部署から花形部署への異動だったり、地味な部署を経験した役員が生まれたりすることです。

最近は「物流の2024年問題」という言葉をよく聞きます。これは、2024年4月から始まった、トラックドライバーの時間外労働の上限規制(960時間)などにより、トラックドライバーが不足し、今までのように輸送できなくなるという問題です。

メーカーでは、モノをつくることが収益の源泉のように考えられてきました。しかし、ほとんどの製品はライバル社が似たモノをつくっていることを考えると、モノづくりそのものが収益の源泉だった時代がいつまでも続くとは言えません。調達や物流の効率化はモノづくりに比べて後回しにされてきた分、伸び代が大きく、新たな収益源としての役割が期待されています。多くの経営者はこの可能性に気づいているはずですから、現場の認識を変えていってほしいものです。

Q45 女性活躍推進と人事ローテーションの両立は可能か？

A 女性活躍推進法とは、働く女性が個性と能力を十分に発揮できるようにすることを国や企業に求める法律です。女性活躍推進法も品質コンプライアンスも、企業の活力を高めて中長期的な成長を果たすことを目的としているので、両者はトレードオフの関係にはなっていないはずです。

しかし、品質コンプライアンスの要である人事ローテーションは、女性活躍推進の障害になりかねません。なぜなら、総合職の社員は転勤の可能性がありますが、家庭を持つ女性の転勤は困難な人が多いからです。家庭の事情で転勤できない女性は一般職を選びがちで、これが女性の活躍を制限している恐れがあります。

女性の活躍と人事ローテーションを両立させるためには、総合職制度の見直しが必要です。近年では、エリア総合職制度が広がり始めています。エリア総合職とは、転居しないでも通勤可能な地域（エリア）に勤務する総合職の形態です。

女性活躍推進法のために、女性の管理職や役員の割合を増やすといった目先の目標に向かいやすく、総合職制度の見直しなどの長期的な対策が後回しになりがちです。長期的な観点では、理系女子を数多く採用することのほうが重要です。さらに、どの会社でも、本社のトイレはきれいに整備していると思いますが、工場の女子トイレは古いとか数が少ないとか聞きます。現場の目線に立ち、まずは工場の女子トイレを増やし、本社並みにきれいにするところから始めてみてはどうでしょうか。

Q46 技術者の人事ローテーションで参考になる例はないか？

A 理系の学生にとって、メーカーの研究職は最も人気のある職種の一つです。メーカーによっては理系学生を採用するため、理系新入社員の希望者全員を研究所に一旦配属させるところもあります。研究所勤務になれば、そこでいつまでも仕事を続けたい人がほとんどかもしれません。そのような人に、ちょっと考えてほしい事例があります。

あるBtoCメーカーでは、ある新製品を商品化するために開発部署を新設し、Aさんはその研究開発部門で開発を担当していました。面白いのは、Aさんは新製品の開発を終えたところで製造部に異動し、その新製品の大量生産向け機械の設計に携わったことです。Aさんはその後、品質管理部に異動して、その新製品の品質管理体制を設計しました。**図表46-1**に示したように新製品の商品化フローに沿って、開発から製造、品質管理へと異動していったのです。

小規模な製品の開発ならあり得る話ですが、Aさんが開発した製品は売り上げ数１００億円規模の大仕掛けなものでした。平均的な技術者との違いは、Aさんは職種へのこだわりよりも、製品を世に出すことへの情熱のほうが強かったことです。

Aさんのキャリアはその会社内でも珍しく、このキャリアを実現できた背景には以下があるとのことでした。

- 上司とのキャリア面談が年に1度あり、Aさんは「本件の新製品を世に出したい」との夢を上司に伝え続けていた
- Aさんは専門職大学院で技術経営を専攻した
- 新製品開発プロジェクトの半数以上が中途入社で、いろんな会社の良いところを集めた組織になっていた

新製品を世に送り出した後、Aさんは海外の研究開発拠点に異動し、開発プロジェクトの

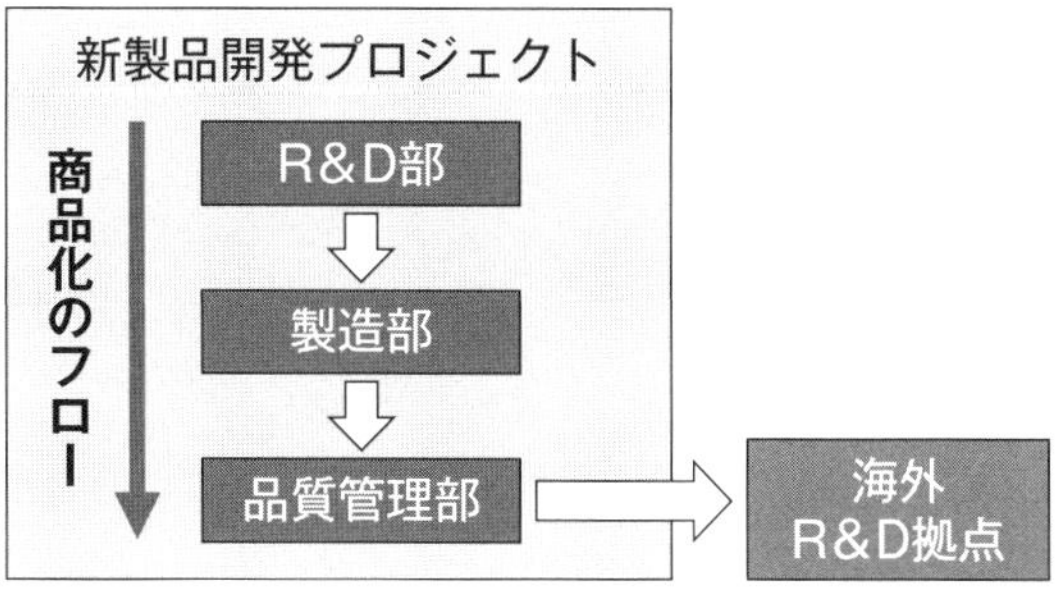

■ 図表46-1　技術者Aさんのキャリア。（出所：筆者）

マネジメントを担当。その後、国内拠点に戻って管理職になり、部下とキャリア面談をする立場になりました。しかし「具体的なキャリアイメージを持っている人が周りにほとんどいない」ことが期待外れとこぼしていたようです。

このエピソードから感じるのは、仕事の安定を求めるだけではなく、夢を持ち続ける技術者が増えてほしい、管理者には後進の夢を育てられる人になってほしいということです。そして、定期的なキャリア面談を組織的に展開することも、人事ローテーションの壁をなくすことにつながります。

ちなみに、Aさんのようなキャリアには手放しで推奨できない点もあります。それは、開発した商品の品質に問題があっても、Aさんはその問題点を隠せる検査体制を構築できることです。品質コンプライアンスの基本としては、開発、製造、検査の担当者は分離されているべきです。この品質リスクに対応できているのであれば、Aさんのキャリアは部署間格差をなくす人事異動になっている点で注目に値します。

Q47 海外企業は人事ローテーションが少ないようだが、不正が多いのではないか？

A

海外企業の品質不正の事例が少ないように感じます。しかし、それが本当に少ないからなのか、隠蔽され続けているだけなのか、これは誰にも分かりません。

欧米企業では、マネジャークラスの人事ローテーションはよく行われている一方、専門職制度が進んでいるため技術者の人事ローテーションは少ないようです。しかし、転職が多く社会的な人事ローテーションが自発的に起きています。

筆者の個人的な経験知としても、欧米の技術者には報酬だけではなく、「よいボスに恵まれ、やりがいのある仕事に恵まれているか」という観点でいろんな会社を渡り歩く人が少なくありません。よい上司の下でやりがいのある仕事ができる職場を選べるなら、不正に追い込まれることは少ないはずです。ある日突然解雇され、出社したときには既にパソコンのログインIDが抹消されていることもありますが、その覚悟の上で勤めています。

欧米企業の人の場合、不正に逃げるしかないところまで追い込まれるような職場ならさっさと転職してしまうのではないでしょうか。転職によって外部の人が入ってくる職場はムラ化しにくく、不正を隠蔽しにくいと考えられます。

日本では、会社を辞められない人が多いので、転職か不正かで迷うことなく、不正を選んでしまうのでしょう。この違いは、第3章のQ27で考えたように、タテ社会型の日本企業と契約社会型の欧米企業の違いでもあります。

Q48 現場の部長クラス（技術者）が子会社の社長になり、その後親会社に戻って別部署の部長になる人事ローテーションはよいのか？

A

このような異動を不可思議に感じるのは、垂直型昇進システムの考え方になじんでいるからではないでしょうか。

会社経営の視点で考えるなら、子会社は事業部や部に相当する部署を社外に切り出した位置付けです。従って、子会社の社長になることは事業部長や他部の部長に異動することと同じようなものと考えられます。

技術者が会社経営を経験するとビジネス観が広まり、財務感覚を身に付けるという効果があります。これは、担当者レベルの技術者には想像できない世界ですが、その部長は一回り大きくなって親会社に戻ってくるはずです。

親会社に戻る際、古巣と違う部署に異動することも人事ローテーションの活性化につながります。なぜなら、動かせる駒とポストは多いほうが、人事ローテーションをしやすいからです。

この人事施策にリスクがあるとするならば、財務に疎い技術者が会社経営を行うことによって、会計不正が起きやすくなることです。実際、子会社で会計不正が起きたときには「社長が財務に疎かった」ことが原因になっているケースが少なくありません。

例えば、東洋インキSCホールディングス（現artience）のフィリピン子会社Toyo Ink Compounds Corp.で2019年に起きた、簿外で借り入れを行っていた不正[1]は、歴代社長が経理財務に弱く、担当者に依存していたことが原因とされています。従って、子会社の社長には財務をしっかりと学ばせることが必要です。

（1）東洋インキSCホールディングス、「特別調査委員会の調査報告書受領に関するお知らせ　調査報告書（開示版）」、2019年12月11日.

第5章 内部通報制度の生かし方

品質不正を、第2章のQ19で解説した3つのラインで防げなかった場合、最後の砦《とりで》は内部通報になります。それだけに、内部通報制度を生かすことへの関心は、人事ローテーションに次いで高いと言えます。

Q49 内部通報の件数はどれくらいあるものか？

A 内部通報の件数は少ないほうがよいと考える人が多いようです。しかしこれは逆で、内部通報の件数が多いほうが、内部通報制度が生かされていて健全と言えます。内部通報者探しや報復が行われていれば、通報をためらうからです。

内部通報の内容は品質不正だけではなく、ハラスメントや経理不正などもあります。筆者の持論ですが、内部通報件数は従業員200人に1件程度あるのが自然。従業員1万人の会社なら、毎年50件程度の内部通報があってよいはずです。これより少なすぎるのは、内部通報制度が十分機能していないと考えられます。

Q50 内部通報しやすい会社にするには？

A この課題については、専門家によって色々な方法が提案されているはずです。内部通報者に報奨金を出す会社がありますが、報復のない会社なら一つの方法かもしれません。

ここでは、品質コンプライアンスの視点から内部通報しやすい会社にするための、内部通報制度のチェックポイントを7つ挙げます。

①内部通報できる内容が理解されているか
②社外相談窓口に会社の顧問弁護士の法律事務所を使っていないか
③内部通報者探しが常態化していないか
④匿名通報への信頼性を低く見ていないか
⑤内部通報の内容に対して該当部署に事実確認させていないか
⑥内部通報件数を公表しているか

⑦コンプライアンスホットラインを多言語化しているか

以下、各チェックポイントについて詳しく見ていきます。

①内部通報できる内容が理解されているか

内部通報制度を生かすためには、制度の目的が社内にしっかりと伝わっていることが前提条件です。しかし、これがなかなかできていないようです。

例えば、完成車検査での燃費排ガス不正があったSUBARUでは、内部通報制度の意図が社員に伝わっていませんでした。実際、本件の調査報告書[1]には、従業員ヒアリングで「内部通報制度はハラスメントを対象とするもので、品質不正などの問題を対象とするものではない」などと答える人がいたと書かれています。

同様に、2018年に発覚した、日立化成の検査データ改ざんについての調査報告書[2]にも、従業員ヒアリングで「内部通報制度はハラスメント等のためのものであると思っていた」という回答があったと記されています。

このような誤解は「品質不正を押し付けても通報されない」といった、誤った風土を生みます。内部通報制度を品質コンプライアンスに生かすためには、社内のコンプライアンス研修で、内部通報できる事案(当然、品質コンプライアンスに関する事案を含めます)をクイズ形式で答えさせるような研修をしてはどうでしょうか。

②社外相談窓口に会社の顧問弁護士の法律事務所を使っていないか

社外相談（通報）窓口に顧問弁護士の事務所が使われているケースは多いはずです。この体制で形式上の問題はありませんが、実効性は疑問です。なぜなら顧問弁護士は社長に信頼されている人だからです。つまり、どちらかといえば従業員のためというよりも経営者のための存在です。従って、経営者が関わっている品質不正の場合、この手の社外窓口に相談しても適切な対応は期待できません。

最近では、社外通報窓口の代行サービスが行われています。相談窓口の中立性という意味では、代行サービスのほうが社内から信頼されるはずです。もし経営者が「代行サービスには頼めない」と不安を感じているのなら、「経営陣に不都合な通報に対しては顧問弁護士にうまく処理してほしい」といった甘えがあるのではないでしょうか。

③内部通報者探しが常態化していないか

内部通報者探しが行われるような職場かどうかは、従業員は肌で感じているはずです。このような職場では当然のことながら、内部通報制度は機能しません。同制度を機能させるためには、経営陣が先頭に立って内部通報者探しをさせない会社にすることが重要です。この問題については、Q54で補足します。

④匿名通報への信頼性を低く見ていないか

品質不正は通常、閉鎖的な部署で起きているので、内部通報者は裏切り者呼ばわりされてもおかしくありません。そのような職場では、不正に巻き込まれた人が記名で通報するわけがないので、深刻な状況の場合には匿名通報になると考えられます。つまり、品質コンプライアンスに関しては、匿名通報の信頼性はむしろ高いはずです。

品質コンプライアンスの通報に対しては、問題事案の事実確認を調査すればよいだけのことです。調査の結果、「問題なし」という場合もありますが、「問題あり」の場合でも、通報者に調査結果を還元できなくても問題はありません。匿名通報する以上、調査結果を知りたいと思っていないからです。

では、誰が現場で事実確認の調査をすべきか——。これについては、次のチェックポイントで説明します。

⑤内部通報の内容に対して該当部署に事実確認させていないか

内部通報内容の事実確認は、問題事案と利害関係のない立場の人が行うべきです。問題部署の事業部長や部長に調査させると、犯人探しや報復が行われ問題が矮小《わいしょう》化されることもあります。現場に調査を任せるのは、内部通報窓口関係者の怠慢であり、本社の部署が内部通報窓口を管理する意味がありません。

この問題については、Q60で事例を紹介します。

⑥内部通報件数を公表しているか

品質コンプライアンスの件で内部通報するには勇気が要ります。その主な理由は、「告発するようなことはしたくない」「不正かどうか自分では判断できない」などです。その結果、内部通報することの敷居が高くなり、内部通報行為の非日常性が強まります。

内部通報の敷居を低くするには、内部通報制度を身近に感じさせることが重要です。例えば、内部通報件数を公表していれば、「内部通報制度を利用した人がいる」と分かるので、内部通報を身近に感じるようになります。

会社によっては内部通報件数を社内限りとして公表しているところもあります。しかし、このやり方ではかえって内部通報をタブーのように感じさせます。それを避けるためにも、会社のWebサイトで社会に公表したほうがよいのです。

内部通報件数が多い会社は問題が多いように見えるので、経営者は内部通報件数を社外に知られたくないかもしれません。しかしQ49で述べたように、内部通報件数の少ない会社は内部通報制度が機能していない疑いがあります。逆に、内部通報件数が多ければ内部通報制度が機能していることになるので、職場の健全性をアピールすることができます。

⑦コンプライアンスホットラインを多言語化しているか

コンプライアンスホットラインの多言語化には、2つのチェックポイントがあります。一つは、コンプライアンスルールの多言語化。20カ国語に対応している企業もあります。もう一つは、内部通報・相談方法の多言語化。こちらは遅れているようです。現地語で通報できないことのデメリットは以下の2つです。

- ●日本語や英語が書ける人しか内部通報できない
- ●母国語でなければ、正確で詳しい説明が難しい

特に、後者のデメリットについては、私たち日本人が品質コンプライアンスの疑いを感じた時、それを英語で正確に報告できるかを考えれば分かるはずです。品質コンプライアンスの問題は、当事者でも不正かどうか分からないことがあるので、微妙なニュアンスを正確に伝えるには母国語で伝えられるようにしておくことが一番重要です。

最近では、多言語対応のホットラインを代行するサービスが始まっており、その中には8言語に対応しているものもあります。このようなサービスを使えば、多言語対応が可能にな

ります。もし、8言語対応では足りない場合には、現地語での内部通報の概要を翻訳ソフトで把握し、重大そうな事案については翻訳サービスを使えばよいはずです。

(1) SUBARU、長島・大野・常松法律事務所、完成検査における不適切な取扱いに関する調査報告書、2018年9月28日.
(2) 日立化成特別調査委員会、調査報告書、2018年11月20日.

Q51 言語の問題で内部通報に支障を来した事例はあるか?

A ありません。品質不正ではありませんが、藤倉コンポジットのケースは参考になります。

《事例》藤倉コンポジット中国子会社での横領、内部通報も言葉の壁で対応されず

藤倉コンポジットの中国子会社では、現地の幹部らによる横領が行われていました。本件の調査報告書によると、2017年10月に中国子会社の従業員が藤倉コンポジット（親会社）[1]の社長などに、メールで幹部の不正の疑いを内部通報しました。その後も、本社への内部通報が複数回あったものの適切に対応されず、ようやく2019年の内部通報によって同年6月に調査委員会が設置されたということです。

ここまで、最初の情報提供から実に1年8カ月も要しています。2017年の通報に対応していなかった理由として、藤倉コンポジットの経営陣は次のようにコメントしています。

①退職後に提出されたもので根拠に乏しかった
②日本語が不正確で分かりにくかった

①は退職後だからこそ内部通報できることがあると、教えてくれます。そして②からは、母国語で通報できる仕組みの重要性が浮き彫りになっています。

（1）藤倉コンポジット、「特別調査委員会の調査報告書受領に関するお知らせ 調査報告書」、2019年6月26日.

Q52 部下から品質不正に関する相談を受けたらどうすればよいか？

A 品質不正の疑問があるときは内部通報制度より、上司に相談するケースのほうが多いはずです。相談を受けた上司は不正かどうかを自分で判断したり、不正を止めさせようとしたりすることがあります。自分の管理責任を問われたくないという思いからですが、これはもみ消しにつながりかねません。

部下から相談を受けた上司は、どの職位であっても、自分の上司に相談の内容を報告するのが基本です。そして経営陣まで速やかにエスカレーションするのが埋想です。これはコンプライアンスルールの一つとして義務付けたほうがよいと思います。

実際には、相談内容が杞憂《きゆう》にすぎなかった場合が少なくありません。そのときに経営陣や幹部が「無駄な報告のせいで仕事が増えた」といった雰囲気を漂わすと、内部通報制度がさび付きます。むしろ報告が上がってきたことに対し感謝する姿勢を示すべきです。そのような社風にすることが品質不正へのけん制になり、品質コンプライアンスを高めることになります。

難しいのは、相談を受けた上司のそのまた上司が不正に関わっていたり、不正を黙認したりしているときです。この場合は内部通報窓口を使うことをお勧めします。自分が上司に報告してもその先で止まってしまい、経営陣までのエスカレーションが見込めないときも同じです。

経営陣が不正に関わっているときは、内部通報窓口どころか外部通報窓口も機能しないことがあります。Q50で説明したように、会社の顧問弁護士の法律事務所が外部窓口を担っている場合は、経営陣がもみ消したり矮小化したりできるからです。

そのような職場が上場企業の子会社のときは、親会社に報告することをお勧めします。問題の会社が上場企業の場合は、当局に報告する方法がありますが、この場合は公益通報者保護法に従ってください。

Q 53 担当者が不正行為をやめたいと訴えたケースはあるか?

A 部署間の力関係や経営からの圧力によって、やむを得ず品質不正に手を染めるケースは少なくありません。しかし、内部通報を使うのは仲間を裏切るようでハードルが高く、いっそのこと会社を辞めたいと思っても辞められる人は限られています。こうして身動きがとれなくなる人にぜひ知ってほしいことは、過去に「仕事を変えてほしい」と思い切って上司に訴えた人がいたという事実です。

《事例》「ダンパーの検査はやりたくない」、KYBの免震装置の検査不正

油圧器メーカーのカヤバ（旧KYB）とその子会社のカヤバシステムマシナリー（KSM、2021年消滅会社）では、マンションや病院などに使われていた、免震・制振用オイルダンパーの性能検査などで検査不正が行われていました（2018年）。[1] 調査報告書によると、ダンパーの性能試験で減衰力が許容範囲内に収まらないときに、次のような不正をしていました。

- 係数の書き換え：測定結果に係数を掛けて許容範囲内に収めた
- 原点調整：試験機の調整機能を使って測定結果を許容範囲内に収めた

KSMでは経営陣や幹部の一部が、親会社のKYBでは製造部の部長や品質保証部、技術部、営業部の一部がこの不正を認識していたとのことです。このように組織的な品質不正に巻き込まれていると、内部通報制度が使えません。

２００８年ごろ、ＫＳＭの三重工場で、品質保証部のＡ氏は係数の不正書き換えについて同部幹部のＢ氏らに「改ざん行為について会社全体で考えてほしい」と訴えました。この率直な言葉は、最初の一歩を踏み出せない人にはよい気づきになると思います。しかし状況が変わらなかったため、Ａ氏は「犯罪まがいのことをしているから、ダンパーの検査はやりたくない」と、Ｂ氏らに伝えました。結局、Ａ氏は他部署への異動を勧められたとのことですが、調査報告書にはＡ氏のその後が記載されていないので異動先は分かりません。

幹部のＢ氏はＫＳＭの取締役のＣ氏に相談しましたが、それ以上は進展しませんでした。なぜならＣ氏がこの不正を指示していたからです。不正の公表は、それから10年後の２０１８年のことでした。

Ａ氏は、本社に内部通報すればよかったのかもしれませんが、それができない人が多いのも確かです。出口の見つからない人に伝えたいことは「仕事を変えてほしい」という言い方があるという点です。これには、根本的な問題解決にはならないし、自分さえ手を汚さなければよいのかと迷う人もいるでしょう。しかし、この対応のハードルは低いうえ、皆がこのように言えばいつか人繰りができなくなって、不正ビジネスが行き詰まるはずです。対応の方向性としては決して間違っていないと思います。

Q54 犯人探しされるから内部通報は使えない？

(1) KYB外部調査委員会、免震・制振用オイルダンパーの検査工程等における不適切行為に関する調査報告書、2019年2月4日.

A

これは、質問というよりも現場からの切実な声です。このような声がささやかれている会社は、内部通報制度をどのように改善すればよいのでしょうか。

公益通報者保護法は通報者探しと通報者への報復を禁止していますが、これには例外があります。「通報者を特定しなければ調査ができない」といった正当な理由があれば、通報者に関する守秘義務がないからです。しかし、通報窓口の担当者が正当な理由によって通報者名を漏らしたかどうかは、誰にも分かりません。

公益通報者保護法はハラスメントと企業不正などの通報者を保護する法律です。ハラスメントの場合は「誰が誰にハラスメントをしたか」という問題なので、仮に被害者が匿名通報しても、被害者を特定しなければ調査が進みません。

一方、品質不正や会計不正は通報者が分からなくても、問題事案の調査は可能です。しかし、品質不正を隠している職場はムラ社会化しています。通報者を裏切り者扱いし、いろんな理由をつけて通報者を探し出そうとします。例えば品質不正のケースでは、次のような形で通報者を探すことがあり得ます。

①通報内容の真偽を確かめる理由で、通報者を知ろうとする
②通報の経緯を確認する理由をつけて、いつ、誰（どの部署）からどの経路で通報されたかを知ろうとする
③通報した人に、現場で詳細を説明させる

①に関しては、問題事案の事実確認をすれば済む話なので、誰が通報したかまで議論を広げること自体が公益通報者保護法に反する行為になります。②を口実に通報者を探す人は、自分が不正に関わっていることを明らかにしているようなものです。問題事案と関係のない人にとっては、誰が通報したかは意味がありません。通報内容を説明するだけで済むはずです。

このように①や②の議論に誘導する人は、通報者を特定して会議の参加者にさらすという形で、間接的に報復していることになります。

③も全く不要で、内部通報の窓口関係者が現場で問題の有無を確認すればよいのです。しかし、品質不正は技術的な専門性が深いため、窓口関係者では説明ができないという理由で、

通報者に説明させることがあります。一見仕方なく感じますが、不正かどうかは調査委員の弁護士やメディアの記者が理解できることなので、窓口関係者が説明ができないというのは怠慢にほかなりません。

法律は所詮最低限のルールにすぎません。社員から信頼される内部通報制度にするためには、品質不正や財務・経理不正の通報に対しては、通報者の特定・推定につながる言動を例外なく禁じるべきです。

「犯人探しされる」とささやかれない会社に変えるためには、前述の①、②、③などを禁止行為の具体例として社内に周知させ、違反者への処罰を明確にする会社の姿勢を示すことが重要になります。

《事例》内部通報制度が使われなかった、ダイハツの衝突安全試験不正

第1章のQ7で説明したダイハツ工業での衝突安全試験不正は、同社内部の人からの外部機関への通報によって発覚しました。つまり、社内の内部通報制度が使われなかったのです。調査報告書ではアンケート調査の結果として、「内部通報制度への不信感がある」とし、その例として次のような声を挙げています。

「内部通報をしても監査部が事実確認することはなく、当該部署の部長等に連絡がいくのみで、隠蔽されるか通報者の犯人探しが始まる」

問題の調査を現場に任せるのなら、通報窓口を本社に置く意味がありません。従業員は会社のやり方をよく見ているので、通報制度が形だけになります。

同社では「匿名通報は信ぴょう性が低い」という考え方があったことも調査報告書に書かれています。匿名通報でも品質コンプライアンスの問題については、本社が直接調査するという方針を打ち出すことが、内部通報制度を生かすことにつながります。

Q55 品質不正が社外に通報されるのはなぜか?

A ここでいう社外とは、社外通報窓口のことではなく、当局やメディアなどの意味です。品質不正がこうした社外に通報されるのは、Q50で説明したように、社外通報窓口が会社にコントロールされていることがあるからです。

品質不正で内部通報制度が機能しないケースには2通りあります。一つは、誰も通報しないケース。もう一つは、社外に通報するケースです。社外の通報先には、当局やメディア以外に、株主や取引先（顧客）もあります。社外に通報するのは、会社の対応に不信感があるときです。公益通報者保護法に従っていれば、社外への通報者は原則的には守られます。

島津製作所の子会社での故障偽装（2022年）は、顧客（病院）に通報されました。このケースでは、ある担当者が故障偽装の問題を上司に相談しましたが、その後の対応が進まないために外部に通報したと考えられます。この内容については、Q60で改めて説明します。

社外への通報で不正が発覚すると、隠蔽体質が疑われます。企業イメージを保つためには、内部通報制度が生きていることも重要です。

Q56 品質コンプライアンス上の疑いがある担当者には、どのようにヒアリングすればよいか？

A

品質不正は専門知識がないと分かりにくいので、各部署の責任者にヒアリングさせることが多いと思います。しかし、問題部署の幹部がヒアリングしても本音は出てきません。担当者は、不正の原因は上司にあると考えているからです。従って、現場のヒアリングは本社のコンプライアンス部や品質保証本部などの人が担当したほうが本音を聞き出すことができます。

また、品質不正はやむにやまれず不正行為に陥っているケースがほとんどです。担当者にヒアリングする際は、困っている立場の人を救う気持ちで接することが重要です。

そして「問題があれば業務改善を速やかに行う」ことを、ヒアリングに先立って確約することが必要です。問題を抱えている人にとって、話を聞くだけの人に話しても何の助けにもならないからです。

Q 57 エスカレーションが機能しない会社の問題点は？

A

自分では解決できない問題を上司に報告して、対応を任せることをエスカレーションと言います。その上司が解決できないときは、そのまた上司にエスカレーションし、最後は経営陣が対応することになります。従って、品質不正が既に起きているケースは、エスカレーションができていないことになります。

開発段階での性能偽装のケースで考えると、直接的な原因は技術力不足ですが、見方を変えれば開発期間の短さが原因とも言えます。なぜなら、時間をかければ目標性能を達成できるかもしれないからです。

開発日程に無理があるケースには2パターンあります。一つは、自動車開発のような大きなプロジェクトにおいて、経営判断で開発日程が決まっているときです。日程の見直しが許されない経営下では、上司に相談しても「何とかしろ」と言われるだけで、日程の見直しは期待できません。

もう一つは、受注型のプロジェクトで、開発期間が十分に取れないときです。例えば営業部門の発言力が強く、受注契約書を盾にして納期厳守を言い張られるケースです。これは、営業と開発の部署間格差の問題でもあります。

いずれのケースも、「言っても聞いてもらえない」と、担当者はあきらめています。エスカレーションを機能させるためには、経営陣が現場の声を聞くようにすることが基本です。せっかく経営陣がその気になっても、エスカレーションが中間管理職で目詰まりすることもあります。特に中間管理職が不正を指示している場合がそうです。そのような会社では、品質コンプライアンスの疑問については経営陣への飛び越し報告を認めることにすればよいと思います。飛び越し報告については、Q59で考えます。

Q58 エスカレーションが機能しない原因が分かる事例は？

A 豊田自動織機の排ガスデータ不正では、担当者や開発室長のエスカレーションが機能しませんでした。調査報告書には、その原因がはっきりと書かれています。

《事例》豊田自動織機の排ガスデータ不正、「上司に相談したところで……」

豊田自動織機では、フォークリフトのエンジンの排ガス評価などで不正が発覚しました（2023年）。同社の資料[1]によると、不正があったのはフォークリフト用エンジン9機種（うち4機種は現行、5機種は旧型）と、建設機械用のエンジン2機種（うち1機種は現行、1機種は旧型）です。

ここでは、国土交通省[2]が型式指定を取り消した3機種のうち、1FS型エンジンのケースについて考えます。本件の調査報告書[3]によると、以下のような不正が行われていました。

①劣化耐久試験の途中で触媒などの部品を交換した

②劣化耐久試験とは別の目的で測定した排出ガスの各成分値を使用した
③エンジン制御（ECU）ソフトの制御パラメーターの値を変更した
④抜き取り試験を規定の頻度で行わなかった
⑤抜き取り試験で量産品と異なる制御ソフトを使用した

このうち①、②、③は認証取得時の不正で、④、⑤は量産段階での不正です。1FS型エンジンを開発したのはエンジン事業部の技術部で、その下に開発室があります。さらに開発室には、設計グループ、適合グループ、実験部門があり、劣化耐久試験は実験部門が担当でした（**図表58-1**）。

1FS型エンジンの劣化耐久試験では、3000時間後の測定で排ガス成分が規制値を超過していました。担当者は、この測定結果と触媒破損

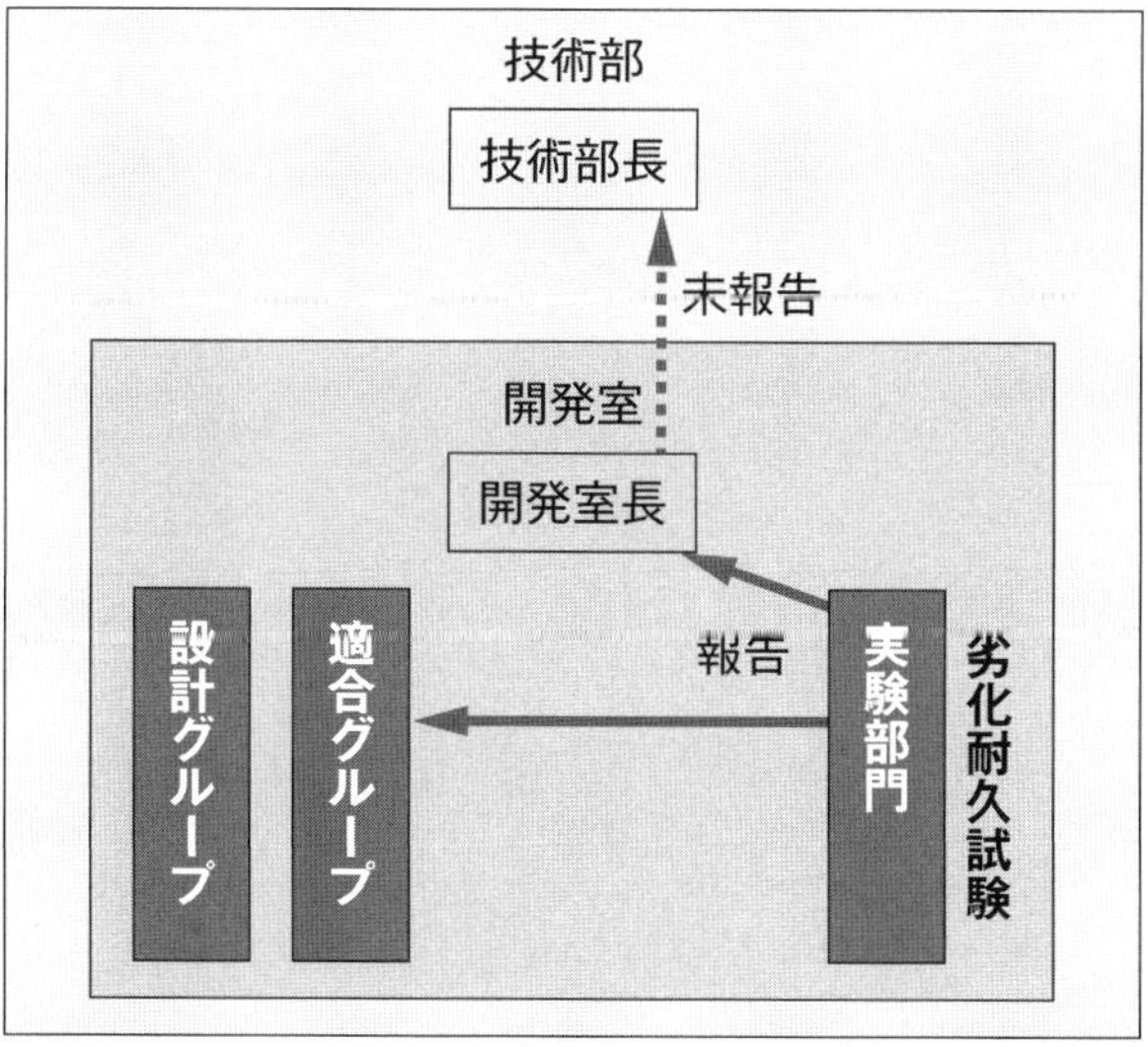

■ 図表58-1　エンジン開発の組織体制。（出所：筆者）

の疑いについて開発室長と適合グループのマネジャーらに報告（同図表）。担当者と室長が相談し、触媒を交換して劣化耐久試験を継続していたのです。これが①の内容になります。

また、3000時間後の排ガスの成分値を規制値に収める必要から、別のエンジンで測定した結果を流用していました。②の内容です。

実は、開発室長は技術部長にこの問題を報告していません（同図表）。エスカレーションのあるべき形としては、開発室長が劣化耐久試験のやり直しと、開発期間の見直しを技術部長に相談することです。エスカレーションしなかった理由として、調査報告書には、エンジン事業部の担当者の多くが「量産開始日の変更は無理であり、スケジュール変更を申し出ようという気すら起きなかった」と語ったことが記されています。

一方、開発室長は「産業車両用エンジンの開発部門においては、上司に相談したところでどうせ『何とかしろ』などと言われる雰囲気があり、技術部長に相談したとしても無駄であると半ば諦めていたため、技術部長に報告することはなかった」としています。

調査報告書は「技術部長が現場の問題を把握していなかった」と部長の怠慢を指摘しています。もし、経営陣が現場の声を聞くマネジメントをしていれば、技術部長は現場の問題点を経営陣に伝えられたのではないでしょうか。同時に、担当者や開発室長が技術部長への相談を諦めることもなかったはずです。

このような会社では「エスカレーションを徹底せよ」というだけでは、担当者や管理職が腹落ちしません。まずは、経営陣が開発日程の見直しなど現場の問題に柔軟な対応を取ることが前提になります。日程変更によって納入先との調整が必要になるならば、それは経営陣の仕事です。

（1） 豊田自動織機、エンジン国内認証に関する調査結果について、2024年1月29日.
（2） 国土交通省、（株）豊田自動織機の不正事案に関する国土交通省の対応について、2024年2月22日.
（3） 豊田自動織機特別調査委員会、調査報告書（公表版）、2024年1月29日.

Q59 飛び越し報告はマナー違反か？

エスカレーションの仕組みは、経営陣と管理職の善良性を前提にしているので、上司が不正を主導・指示している場合には無効化されます。上司が信用できないときや対応してくれないときは飛び越し報告をしたくなります。ところがタテ社会の縛りなのか、飛び越し報告は職場のマナーとして嫌がられます。ローカルなマナー違反と品質不止の報告とどちらが重大かを比べれば、答えは明白です。

もちろん会社として、品質コンプライアンスの件に関しては、飛び越し報告を認める社風にすべきです。このような社風に変えれば、不正行為を強いる上司への強いけん制になるからです。

Q58の事例のように、部長クラスが経営陣にものが言えない会社では、経営陣に不都合な話が届かなくなります。飛び越し報告には経営陣を裸の王様にさせない効果もあります。Q72のように「平社員が役員に話を聞いてもらえるだろうか」という声もありますが、品質コンプライアンスの問題はマナー違反うんぬん以前に〝緊急事態〟と考えてよいはずです。

Q60 役員が内部通報をもみ消した事例はあるか？

A

役員が品質不正を主導しているケースもあるので、役員が不正をもみ消すことは少なくないはずです。最近では、島津製作所子会社の不正タイマーのケースが該当します。

《事例》島津製作所子会社の故障偽装、飛び越し報告を受けた役員の行動は……

島津メディカルシステムズは島津製作所の100％子会社で、医用機器事業分野の販売・保守サービスを担っている会社です。島津メディカルシステムズの九州支店のサービス技術者が医療機関に納めたX線装置を点検する際に、タイマーを装置内に取り付けて、その後に稼働しなくなるようにしていました。売り上げ目標を達成するために、故障を装って修理代を稼いでいたのです。

このケースの問題は、管轄が品質保証部門ではなく、本社のサービス部門になるようです。一方、顧客にしてみれば、製品の不具合に映るので、広い意味で品質の問題になります。同社のサービス拠点は全国に配置されていましたが、この不正は九州支店配下の営業拠点で起きました。本件の調査報告書[1]によると、2009年から2019年の間に熊本、鹿児島、宮崎、長崎の4県で43件の不正事案がありました。

熊本営業所のサービス技術者であったA氏は、上司の不正行為に気づいていたのですが、この上司に相談するわけにはいきません。A氏は2017年に同社のB氏とC氏にこの問題を相談しました。これは、飛び越し報告になります。その後、A、B、C氏の3人それぞれがこの問題を企画管理部長のD氏に報告しています。

D部長はこれを受けて、九州地方の月例の業績会議で自らコンプライアンス研修を行い、一部の管理職に「不正を行ってはならない」と言って回りました。D部長は不正を止めさせようとしたのですが、これによって関係者が証拠を隠滅したのではないか、と調査委員会は推測しています。

A氏は、内部通報窓口を通していないので、厳密には内部通報とニュアンスが少し違いますが、調査報告書ではA氏の行動を「内部通報」と記しています。D部長は当時の執行役員でしたが、この問題を取締役や監査役に報告しなかったので、執行役員が内部通報をもみ消したケースになります。

（1） 島津製作所外部調査委員会、調査報告書（公表版）、2023年2月10日.

第6章 パワハラ撲滅へ

パワーハラスメント（パワハラ）の定義や品質コンプライアンスとの関係については、Q12で説明しました。第6章では、品質コンプライアンスの観点から、さらにパワハラについて考えていきます。

Q61 上司としてパワハラにならないようにするためにはどうすればよいか？

A 改正労働施策総合推進法（パワハラ防止法）によってパワハラで告発される懸念が増え、部下の指導がやりにくくなったという管理職の声をよく聞くようになりました。怠慢な部下を注意したくても、その手の人に限って自分を守ることにたけているものです。下手に注意すると、パワハラ問題にすり替えられるかもしれません。これは、ハラスメント・ハラスメント（ハラハラ）と言うそうで、面倒な世の中になりました。

パワハラにならない指導法についてはその道の専門家にお任せし、本書ではテクニカルなことではなく、品質コンプライアンスの視点で上司としてのセルフチェックポイントを2点示します。

①部下が仕事できるようにサポートしているか
②部下とその家族に敬意をもって接しているか

上司は部下に仕事を指示する以上、部下の仕事をサポートする義務があると思います。いつも部下任せで、何の助けもできないような人に部下を預かる資格はありません。上司には部下の仕事をサポートする義務があると考えれば、「仕事ができるまで帰るな」などと、自分の無能をさらすようなことを言わなくなるはずです。

また、どんなにセンスの悪い技術者でも、その人の家族にとっては大切な存在です。部下の家族に対する敬意がないと、部下が単なる戦力にしか見えなくなります。すると、無理な指示が日常化して、暴言が出やすくなるものです。

Q62 自分の部下がその部下にパワハラしている様子を黙認してもよいか？

A

パワハラは違法行為なので、部下がその部下にパワハラをしていればやめさせるのは当然のことです。部下がパワハラをやめなければ自分の上司に相談するか、内部通報をすべきでしょう。部下の言動がパワハラに当たるかどうかは会社の判断に任せればよく、自分で判断する必要はありません。

問題なのは、部下のパワハラを黙認するケースです。**図表62-1**のように、ある部の課長が担当者にパワハラをしているケースを考えます。課長のパワハラは業績目標達成のため、つまり保身のパワハラが多いと言えます。部長としては、課長のパワハラによって自分の手を汚さずに部の業績アップが期待できます。これは、部長にとっては好都合な状況なので、黙認や気づかないふり

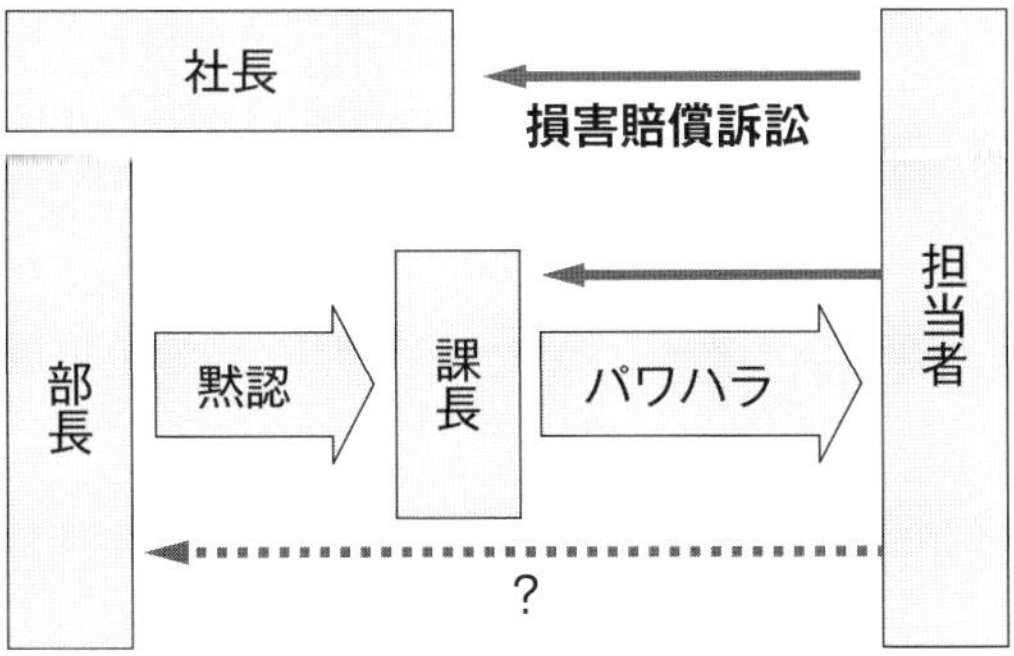

■ **図表62-1**　部長は部内のパワハラを防止する義務がある。（出所：筆者）

をしたい人がいないとは言えません。

このケースで、担当者がパワハラの損害賠償訴訟を起こすとしたら、訴えられるのは社長と課長だけでしょうか。実は、それほど甘くありません。部長は指揮監督の権限を持っているはずなので、社長の代わりに部内のパワハラを防止する義務があると考えられます。従って、この部長は社長と一緒に訴えられる可能性があります。部長が課長のパワハラに気づいていなかったとしても、同様です。

Q63 パワハラ防止の取り組み事例として具体的にどのようなものがあるか？

A 筆者の講演の中で、グループディスカッションを行い、参加者に勤務先のパワハラ対策として効果があった例をまとめてもらったことがあります。その中から印象に残ったものを幾つか紹介します。

1．チェックリストによる自己点検

これは、パワハラやセクハラなどのチェックリストを作り、社内の役職員に自己点検してもらうものです。その内容については、加害者の立場向けと被害者の立場向けの両方があり、加害者の立場向けのチェック項目の例としては、「人前で部下を叱責することがあるか」「不法行為を強要したことがあるか」などがあります。該当する項目の多い人には自分を見直す機会になります。

一方、被害者の立場向けのチェック項目は「自分は駄目だと思うことがあるか」「よく眠れているか」などです。自己点検は自己診断だけで終わらせず、会社として次のアクションに進めてほしいと思います。

2．アンガーマネジメントの研修

これは、マネジャー向けの研修で、怒ることと叱ることの違いを理解させ、上手な叱り方を教えるものです。ハラスメントを禁止するタイプの研修よりも丁寧なやり方だと思います。

3. パワハラの加害者への処分を社内に公表

この例では、加害者の名前は出さないとのことでした。会社のパワハラ対策が具体的に展開されていることが社内に周知されることで、加害者予備軍へのけん制効果が大きいと思います。

他には、「部下が上司を人事評価すればよい」という意見もありました。これについては、次のQ64で考えます。

Q64 部下が上司を人事評価すればパワハラはなくなるか？

A

「なくなる」と思います。部下が上司や役員の課題解決力や指導力を評価する仕組みは360度評価として、一部の企業で既に始まっています。

第1章のQ12で述べたように、課題解決力の低い上司は業績不振のときに保身のパワハラに陥りやすく、品質コンプライアンスの問題が懸念されるようになります。だからといって、上司の評価項目にパワハラ体質の有無を加えればよいかというと、これだけでは不十分です。品質コンプライアンスのゴールは、パワハラをなくすことではないからです。

すなわち、評価項目に上司の指導能力や課題解決力を加えることが重要になります。これにより上司は何を求められているかが分かるので、パワハラをなくすと同時に、優れた上司を増やすことにもなります。

古い話になりますが、1990年代に金融工学が注目された時代があり、数学や物理を専攻した学生が大手の金融機関からもてはやされました。その頃、ある大学の物理を専攻する大学院生が金融機関への就職が内定したものの、指導教授がこれを気に入らず、その大学院生を破門にしたのです。「物理を学んだのに、金融機関で金もうけとはとんでもない」という考え方がまだ支配的な時代でした。昔の大学は、教員が絶対的な力を持っていたのです。

その学生は卒業できなくなったので、大学院を中退せざるを得ず、内定も取り消されてしまいました。今ならアカデミックハラスメントになるでしょう。路頭に迷った大学院生を見かねて、筆者の会社で採用したのです。

最近では、学生が教員の授業内容を評価し、その結果は学内に公開されることもあります。学生が授業を理解できないのは学生の努力が足りないのではなく、教員の教育能力が低いことになるのです。教え方の下手な教員が肩身の狭い思いをすることはあっても、学生を破門することなどとても許されない時代になりました。

Q 65 自分がパワハラを受けたらどうすればよいか？

A

自分がパワハラを受けている場合は、その状況を録音したり、日時・場所・状況・言動をメモにしたりするなど証拠を集めておきましょう。同僚が被害を受けているときも同じです。そして、コンプライアンス窓口に相談します。録音やメモなどの客観的なデータがあると、担当者は動きやすいはずです。

部課長クラスからのパワハラなら会社が対応してくれるでしょう。しかし役員クラスからのパワハラの場合には、社内窓口も社外窓口も期待できそうにありません。そのときは行政の法律相談窓口に行く方法があります。

一般的な市民感覚として、弁護士が言うことは正しいと考えがちです。しかし弁護士によって見方が違うので、行政相談の回答が必ずしも正しいとは限りません。筆者の経験では、都心にある相談窓口は企業法務系の弁護士が担当していることが多いように感じます。彼らは、日ごろから経営者を守る立場で仕事をしているので、経営者のパワハラについては問題を矮小化《わいしょう》しかねません。

どちらかといえば、下町や郊外の法律相談窓口には人権派の弁護士が多いように感じています。従って、わざわざ都心ではなく居住地の法律相談窓口に行けば、従業員側の立場で考えてもらえる可能性が高いと思います。

それでも、相談窓口の弁護士が親身に考えてくれないときは、ハラスメント訴訟を扱っている法律事務所に相談することをお勧めします。パワハラ体質の企業では被害者が数多くいるはずなので、被害者は孤立せずに団結して集団訴訟を起こしてもよいと思います。裁判で勝っても金銭的なメリットはそれほど期待できないようですが、社会を変える効果は大きいと言えます。

Q66 「できない」が言えない会社ではどうすればよいか?

A

「できない」という言葉には2つの使い方があります。一つは、新製品の開発で、目標の性能や品質を達成できない場合です。凡庸な上司は「何としてでも目標を達成せよ」と言うことしかできません。

担当者の怠慢が原因で目標を達成できない場合は頑張るしかないですが、一生懸命にやってもできない場合もあります。このときは無理な目標の指示に当たるのでパワハラに該当する可能性があります。パワハラとしてコンプライアンス窓口に相談するのがよいでしょう。

ただし、目標達成が役員マターで決められたケースでは、コンプライアンス窓口が対応してくれるとは限りません。その場合には、目標を達成したかのように見せかける性能偽装が起きやすくなります。

もう一つの「できない」は、製品の品質に不備があり、検査員が不合格とすべきところを不合格にできないケースです。この場合、検査員は検査結果を改ざんするなどして合格にせざるを得ません。

どちらのケースでも、言うべきことが言えない会社は品質不正のリスクが大きくなります。そのような会社に不正をしてまでしがみついていたいのでしょうか。世の中には「駄目なことは駄目」と言える会社や、「できなければ次の手を考える」会社が必ずあります。視野を広げて、外に飛び出すことを考えてみてはどうでしょうか。

善悪を判断できる人が会社を去り、言うべきことを言えない人ばかりが会社に残れば、その会社はやがて淘汰されるでしょう。これは健全な経済社会を育てることにもつながります。

Q67 品質不正のあった会社で幹部がハラスメントで処分された事例は?

A 住友ゴム工業の加古川工場と南アフリカ共和国の100%子会社Sumitomo Rubber South Africa(SRSA)での検査不正については、第4章のQ33とQ34で説明しました。

SRSAの調査報告書①によると、同社ではD氏が親会社の住友ゴム工業や顧客の承認を得ずに、3種類の自動車用タイヤの検査規格の変更(緩和)を指示していました。D氏は、SRSAの日本人駐在員の中で一番地位が高く、執行役員に近い立場の人間として扱われていたとのことです。

実は、D氏は2009年に住友ゴム工業の執行役員になり、その後中国子会社の董事長になりました。董事長は日本の取締役会長に相当します。しかし、D氏は中国子会社で従業員にハラスメントをしたため、担当部長に降格処分されました。ハラスメントの内容については具体的に記されていませんが、調査報告書は、

①D氏は、実質的に工場内の日本人駐在員の人事権を有していた

②D氏は自分が見込んだ人間を重用する一方、気に入らない人間をあからさまに冷遇する傾向があった

と記しているので、パワハラ的なハラスメントによって懲戒処分されたと考えられます。執行役員だったD氏はハラスメントによって降格処分され、その後別の拠点（SRSA）で検査不正を主導していたことになります。

（1）住友ゴム工業特別調査委員会、調査報告書（要約版）、2021年11月9日。

第7章 職場マネジメントの課題解決

職場マネジメントに関して、第7章の前半では職場内の上下方向の、後半ではセクショナリズムなどの水平方向の課題について考えます。

Q68 品質コンプライアンスのために、現場リーダーに求められるスキルとは？

A この質問をベースに、品質不正に陥りそうなケースで、リーダーに求められるスキルを見ていきます。その際、品質不正の原因が自部署内にあるときと、他部署からの強い圧力にあるときに分けて考えます。まずは、原因が自部署内にあるとき。原因としては次が考えられます。

①技術不足

②開発日程不足
③設備や体制の不足

どのケースでも、リーダーが担当者任せでは品質不正に陥りやすくなります。従って、リーダーに求められる部下への指導力とは、課題解決力です。課題解決力とは、自分で解決する能力だけではありません。自分たちで解決できない問題があれば、上司に相談できることも課題解決力の一つになります。あるいは部下を信じて、できるまで待てることも重要です。すなわち、総合的な課題解決力が優秀なリーダーになるために必要なスキルです。

次は、原因が他部署からの強い圧力にあるとき。原因としては次が考えられます。

④経営陣が指示した目標（性能・日程・売り上げ）に無理がある
⑤営業が技術・日程的に難しい条件で受注する
⑥製造が検査担当者に製品の不備を見逃すように圧力を加える

どのケースでも、リーダーには外部からの強い圧力を和らげ、部下が安心して仕事を進められるようにコントロールする力が求められます。その具体例は、このQの最後で紹介します。

特に、④のケースは経営陣の圧力を和らげることが困難です。しかし言うべきことを誰も言わないと、経営陣はますます思考停止になって現場任せになります。そのような経営陣に考える力をつけてもらうためにも、勇気を持って経営陣に相談できるリーダーになってほしいと考えます。

以上をまとめると、品質コンプライアンスの意味でリーダーに求められるスキルは次の2つです。

●課題解決力
●外からの圧力をコントロールできる能力

課題解決力を養うためには、管理職になってもトップフンナーの技術者としての心を持ち続けるべきです。そして、外からの圧力をコントロールする能力を身に付けるためには何より、「言うべきことを言う勇気」が必要です。

《事例》営業からのプレッシャーをコントロールするリーダー

ある化学メーカーの研究所では、営業から製品開発部署への圧力（高性能化）が強く、開発担当者に無理がかかりやすいという問題がありました。グループリーダーのA氏は営業の圧力をコントロールして、部下が無理な要求にさらされないようにしているとのことでした。これは、前述したリーダーに求められるスキルの一つです。

この体制のリスクは、A氏が異動すると、後任のリーダーが営業の圧力をコントロールできるかどうか分からないという点です。この懸念は、A氏自身も気づいていました。このようなスキルを全てのリーダーが持つように、会社全体に広く定着させてほしいものです。

Q69 部下の報告や相談をどのように聞けばよいか？

A

第2章のQ15で解説した「品質不正防止の7箇条」の第5条は「周りに感謝しよう」です。部下が面倒な話を相談に来たとき、上司が難しい顔をすると報告しにくいものものです。どんな面倒な話であっても「ありがとう」が言えれば、相談されやすい上司になれるはずです。もちろん感謝するだけではなく、解決策を考えるのは当然のことです。

「バッドニュースファースト（Bad News First）」を掲げる会社は珍しくありません。ただ、これは報告を義務付ける命令的な感じがつきまとうので、悪い話を報告しやすいか疑問が残ります。一方、「バッドニュースファーストアンドサンクス（Bad News First and Thanks）」を掲げる会社もあります。悪い報告に対して感謝できる上司には相談しやすいだけではなく、これは会社の本気度が従業員に伝わりやすいと思います。

Q70 職場の風通しをよくするにはどうすればよいか？

A 風通しには、水平方向と上下方向があります。水平方向の風通しが悪いのは、セクショナリズムの問題です。この問題については第1章のQ12とQ13で説明しましたが、この後のQ73とQ74でも扱います。そこで、Q70の質問に対しては上下方向、特に下から上に意見を言いやすい職場にすることについて考えていきます。

話を聞く人が感謝の気持ちを持つべきであるという話は、Q69で説明しました。これは待ちの姿勢ですが、攻めの姿勢としては管理職が部下との個別面談を定期的に行う方法があります。

ただ、全ての部下と面談するには、時間の足りない人が多いかもしれません。それならば、部下と2人でランチをとれば、コミュニケーションの時間を簡単につくり出せます。突然ランチに誘われると部下は警戒するでしょうから、その意図を事前に周知しておくことと、全ての人と定期的にランチをする仕組みを作ることが重要です。ランチでは、あらたまった話をするのではなく、普段の暮らしぶりを聞くなどして仕事や生活で困っていないかをケアしてほしいと思います。お気に入りの取り巻きを引き連れてランチに行くようでは周りの声が聞こえなくなってしまうので、ぜひ実践してみてください。

また、管理職としての日ごろの態度にもチェックポイントがあります。何でも言ってほしいと考えている管理職は多いはずですが、部下は黙っています。なぜでしょうか――。上司に聞こえのよい話なら誰でも話せますが、上司が困るような話はしにくいものです。それに、今抱えている問題を相談しても「自分で何とかしろ」と言われるだけなら、時間の無駄です。日常生活の悩みなら、話を聞いてもらえるだけで救われることもありますが、仕事の問題は聞いてもらうだけでは解決できません。

従って、話を聞くというだけでは信用されません。親身に対応してくれるかが問われているのです。部下が仕事で行き詰まっていないかを気にかけて、サポートすることが上司に求められます。

部下の話を途中で遮って、自分が気になる部分だけを聞く上司がいます。これは話を聞くことが面倒臭いという姿勢の表れです。全ての社員が手際よく話せるとは限りません。話を最後までじっと聞いてくれる上司は部下から信頼されます。そのうえで、「もっとコンパクトに話すように」と指導すればよいのです。このような経験を重ねることで、部下はうまく話せるようになります。

上司に話しやすい職場では、部下同士のコミュニケーションもよくなるはず。職場の風通しも、またしかりです。

Q 71 信頼できる人をリーダーにするために、部下が選挙でリーダーを選ぶ方式はどうか?

A 選挙で部署のトップを選ぶ方式は興味深いですが、自分に都合のよい人に投票することになりかねず、最適な人選になるとは期待できません。評価の基準が人によって異なるからです。

むしろQ64で説明した360度評価のほうがよいと思います。指導力のある人が高評価を得るように評価項目を設定すれば、周りから信頼される人が昇進しやすくなるのではないでしょうか。同時に、パワハラ上司や、上から言われたことを下に伝えるだけの上司を減らせます。

Q 72 平社員でも自分の考えを役員に伝えることができるのか？

A 筆者が企業内で品質コンプライアンスの講演をするとき、その内容は現場の人向けの課題だけではなく、人事施策のような経営マターも含みます。経営マターの課題は従業員には的外れに聞こえるでしょうから、「この話は役員に伝えてほしい」と言うことがあります。それでこのような質問が飛んでくることがあるのです。

筆者としては「まだそういう会社なのか」と感じる半面、率直な声が上がってくる社風には好感が持てます。しかし、多くの従業員がこの質問を投げた人のような感覚でいるのなら、その会社は赤に近い黄信号です。なぜなら役員よりも従業員のほうが若くて将来の持ち時間が長いので、従業員のほうが仕事の将来性を真剣に考えているはずだからです。どの会社にも時代の動きをいち早く捉え、次の一手を考えている技術者がいるはずです。

課長が担当者から何らかのアイデアを提案されてその可能性を感じたら、課長は部長に提案すべきです。課長がそれを自分の言葉で説明できなければ、担当者を同行させて部長に説明すればよいのです。部長がそのアイデアに可能性を感じたら、今度は担当者と課長を同行させて役員に提案しに行くことになります。新しいアイデアの細かいところは分からなくても、担当者の熱意があれば役員に何かが伝わるはずです。稟議《りんぎ》を起こすのはその後です。

課長・部長が担当者のアイデアを潰さずに上に伝えられる職場なら、誰もいいかげんなことを提案できなくなるので、ますます磨きのかかったアイデアを考えるようになるでしょう。担当者の提案や問題点を経営に伝えられる社風は成長と活力の源泉であり、品質コンプライアンスを高めることになります。

Q73 社内のセクショナリズムをなくすにはどうすればよいか？

A

第1章のQ12で説明したように、セクショナリズムの強い会社は長期的に競争力が低下し、品質コンプライアンスが弱くなります。

役員のセクショナリズムが強いと、それが現場に伝染するので、まずは役員のセクショナリズムをなくすことが先決です。特に執行役員クラスの競争意識が強いと、事業所間のセクショナリズムが強まります。これを和らげる一つの方法としては、執行役員の担当業務を2、3年でローテーションさせることが考えられます。執行役員がいつまでも同じ業務を担当していると、他の事業部を助けようという発想が生まれないからです。これは、垂直型昇進システムに風穴を開けることにもなります。

優秀な技術者ほど自分の専門性を究めて出世したいものですが、役員になってしまったら、技術の第一人者としての立場は後輩に譲り、経営者として成長すべきです。それが嫌なら役員にならないほうがよいと思います。

もう一つの方法は、執行役員の副担当制で、自分の担当業務以外の業務の副担当を務めることです。これにより「自分の担当業務さえ好調ならよい」というセクショナリズムが和らぎます。品質コンプライアンスの面でも、副担当の執行役員からのけん制が効くようになります。

また、部署や個人の業績評価を縦割りにしていると、セクショナリズムに陥りやすくなります。これを避けるには、他部署とのコラボレーションの実績を業績評価に含める方法があります。以上の内容は役員マターですが、現場レベルでの改善策についてはQ74で考えます。

Q74 現場のセクショナリズムをなくすにはどうすればよいか?

A Q63の質問は、筆者の講演中のグループディスカッションで出されたものと紹介しました。実は、このグループディスカッションでは、セクショナリズムをなくすためのアイデアについても議論してもらいました。どの会社もセクショナリズムはあるということで、現場目線ならではのアイデアが提案されました。主なものは、次の3点です。

①人事ローテーションの活性化

②組織横断的な組織をつくる
③フリーアドレスにする

①の人事ローテーションの活性化は、他の部署の業務を理解している人が生まれることと、人材を抱え込まなくなることなどによって、他部署との壁がなくなるとする考えです。このアイデアは、どのグループにも共通していました。

②の組織横断的な組織をつくる例として、日産自動車が1999年に発足させたクロスファンクショナルチーム（CFT）が紹介されました。同社の資料[1]によると、CFTは「社内の様々な部署や地域から、異なった分野の専門家が集まって結成された組織です。そこでは特定の問題をテーマにして問題の解決に当たったり、新しい考え方を生み出したり、仕事の進め方について見直したりします」とのことです。CFTに参加することで、組織を越えた仲間意識が育ち、社内が活性化されるように思います。

③のフリーアドレスとは、社内に固定席がなく、毎日好きな場所で仕事をする新しいオフィススタイルです。新型コロナウイルス対策によって自宅勤務が増えたので、本社の机を減らしてフリーアドレスにしたという話を聞いたこともあります。他部署の人と机を並べて仕事をすると、次の効果があるとのことです。

●組織間の壁をなくす
●相互理解が深まる

他部署の人とランチに行くようになれば、社内コラボで新しいアイデアが生まれそうな気がします。一方で、フリーアドレスには部署内のコミュニケーションが不足するなどのデメリットもあるので、運用には工夫も必要です。

(1) 日産自動車、「業績を中心に据えた『日産マネジメントウェイ』」、『アニュアルレポート』、2004年3月期.

Q75 他部署に興味を持たせるには?

A

他部署に興味を持つことは、どちらかといえばタブーのようです。上司にしてみれば、今の部署が嫌になって他部署に行きたいのかと疑いたくなるからです。興味を持たれた側の部署にしてみれば、仕事の秘密を探られているように感じるかもしれません。

誰もが他部署に興味を持てる会社にするためには、他部署への興味をタブー視しない社風にすることがまず必要です。次に、第2章のQ17で説明したように、社内報などでいろいろな部署、特に地味な部署の業務や人を紹介することをお勧めします。Q74で説明したフリーアドレス制の導入も、部署を越えた人間関係が生まれることに期待できます。

第3部

部門別の課題解決

全社だけではなく、部門でも課題解決に取り組みます。それぞれ置かれている立場が異なれば、当然、取り組みの内容も変わってくるからです。モノをつくる部門、品質確保を担う部門、本社マターや経営の課題など、個別に見ていきます。

Q76 検査部署にも収益責任があるのでは？

A 第2章のQ19で「3ラインモデル」を説明したように、検査部署が製造部署から独立していることが検査不正防止の基本です。この話をすると、製造部署から「検査部署にも収益責任があるので、製造部署からの独立はあり得ない」という声が出てくることがあります。この意見は明らかな愚論です。

検査部署の収益責任は、どの組織に属しているかによって異なります。**図表76−1**の（A）のように、検査部署が製造部署の下部組織なら、検査部署は製造部署の一員としての収益責任があります。それ故、不良品が出ても合格品に見せかけるための検査不正が起きやすくなります。このことは、同図表の（B）の体制でも同じです。

検査不正を起こさせないためには、検査部署が製造部署から精神的に独立していることが重要です。そのために、同図表の（C）や（D）のように、検査部署を本社の品質保証本部の配

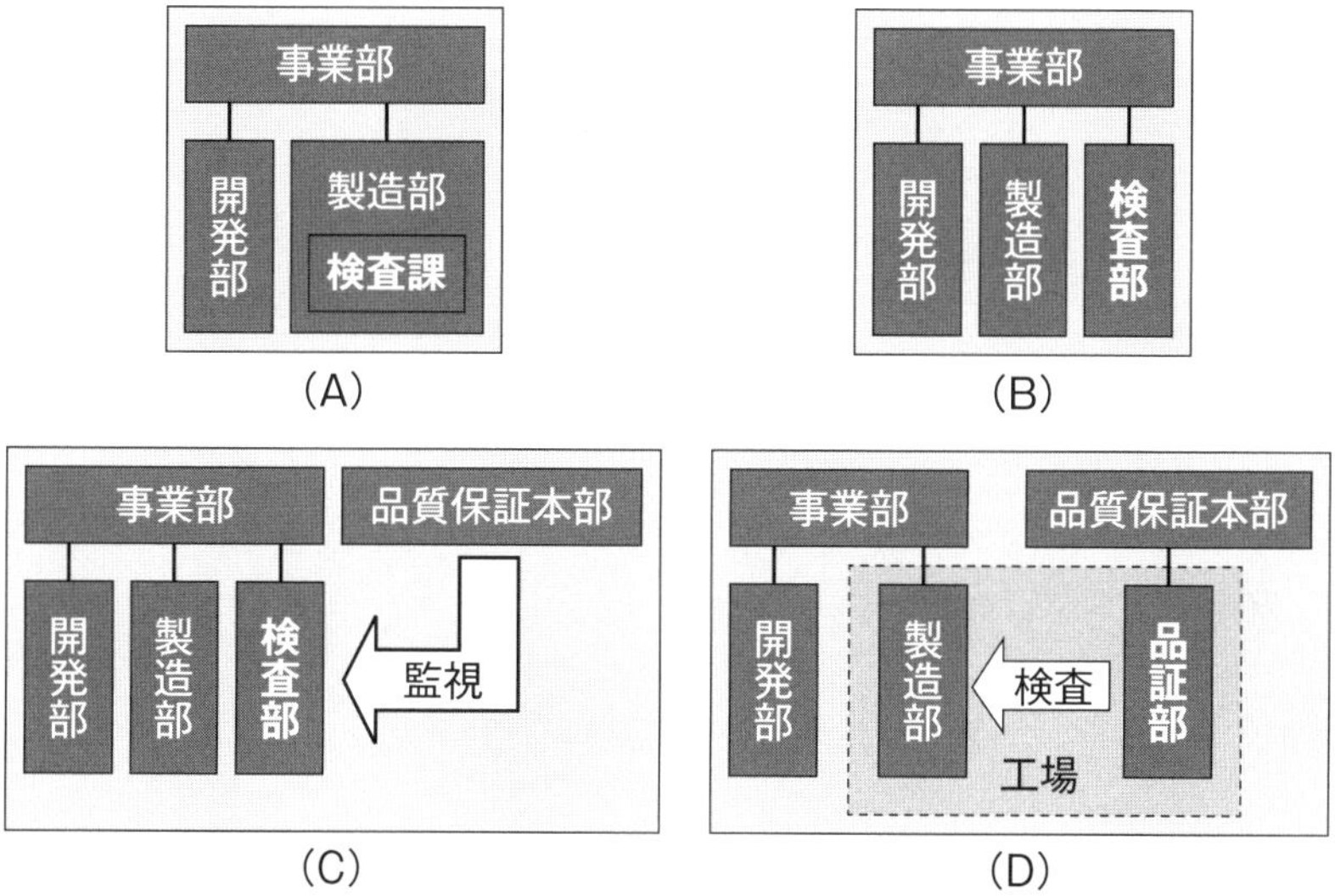

■ **図表76-1**　検査部署の体制。(A) 検査課が製造部の配下にある体制、(B) 検査部に格上げした体制、(C) 本社品質保証本部が検査課を監視する体制、(D) 製造拠点の検査機能を本社品質保証本部の配下に置く体制。(出所：筆者)

下に置いて組織的な独立性を確保する体制が増えています。この場合、検査部署は本社機能になりますが、収益責任が全くないのではなく、会社の成長や間接部門のコスト削減などで貢献が求められます。これは、人事部などと同じ扱いです。

大事なことは、検査部署が製造部署から組織的に独立しているかどうかではなく、精神的に独立しているかどうかという観点です。従って、検査機能を子会社化すればよいとは限りません。この点については第11章のQ104で説明します。

Q77 日程順守マネジメントの落とし穴とは？

A 開発・設計などの工程を管理する手法の一つに、日程順守マネジメントがあります。これは、システム開発や建築・土木などの定型業務的なプロジェクトには有効なマネジメント手法でしょう。しかし、未経験で困難なプロジェクトは計画通りに進むとは限りません。最近の有名な例は「アップルカー」の開発中止です。

米アップルは、完全自動運転の電気自動車（EV）であるアップルカーを開発しており、2021年時点では[1]2025年発売目標と報道されていました。しかし翌2022年には技術目標を下げて、発売時期を[2]2026年に延期。さらに2024年1月には自動運転の技術をさらにダウングレードさせて、発売時期を[3]2028年以降に変更しました。そして、その1カ月後の2024年2月には、ついに[4]EV開発中止を発表したのです。

筆者は「日程順守」という言葉が気に入りません。なぜなら、順守という言葉が重すぎるからです。そして開発が間に合わないとき、法令の順守と日程の順守をてんびんにかけることが起きます。その結果、法令順守よりも日程順守が優先されることがあるのです。性能偽装は隠せますが、日程遅れは隠せないからです。

チャレンジングな開発プロジェクトについては、日程順守ではなく日程管理という言い方に変えたほうが、品質コンプライアンスにかなっています。

（1）ブルームバーグ、「アップルが自動車開発を加速、完全自律運転モデル目指す―関係者」、2021年11月19日.
（2）ブルームバーグ、「アップルが自動運転車計画見直し、発売も2026年に延期―関係者」、2022年12月7日.
（3）ブルームバーグ、「アップル、自動運転車の計画ダウングレード―発売時期さらに延期」、2024年1月24日.
（4）ブルームバーグ、「アップル、EV開発計画を白紙に―10年がかりのプロジェクト断念」、2024年2月28日.

Q78 法令順守よりも日程順守が優先された品質不正の事例は？

A

製品開発時の性能偽装が起きたときは、多くのケースで日程順守が優先されたと考えられます。第5章のQ58で説明した豊田自動織機の排ガスデータ不正では、技術者が法令と日程のどちらを優先すべきかで迷っていたことが分かります。

《事例》「期日順守のためデータ差し替え」、豊田自動織機の排ガスデータ不正

本件の調査報告書[1]によると、ディーゼルの1KD型エンジンの開発では、当初は量産開始日を2014年5月に予定していました。ところが、2010年12月に同社の取締役副社長（当時）が、量産開始日を2013年5月にしたいと1年早めたのです。その後、量産開始日は2013年8月に変更されました。

図表78-1に、同社のエンジン開発の組織体制を示します。1KDエンジンの開発に関与した、開発室のグループリーダー（設計グループか適合グループかは不明）は、同室の室長らにスケジュールに無理があると伝えました。しかし、室長は次の理由で上に伝えることを諦めました。

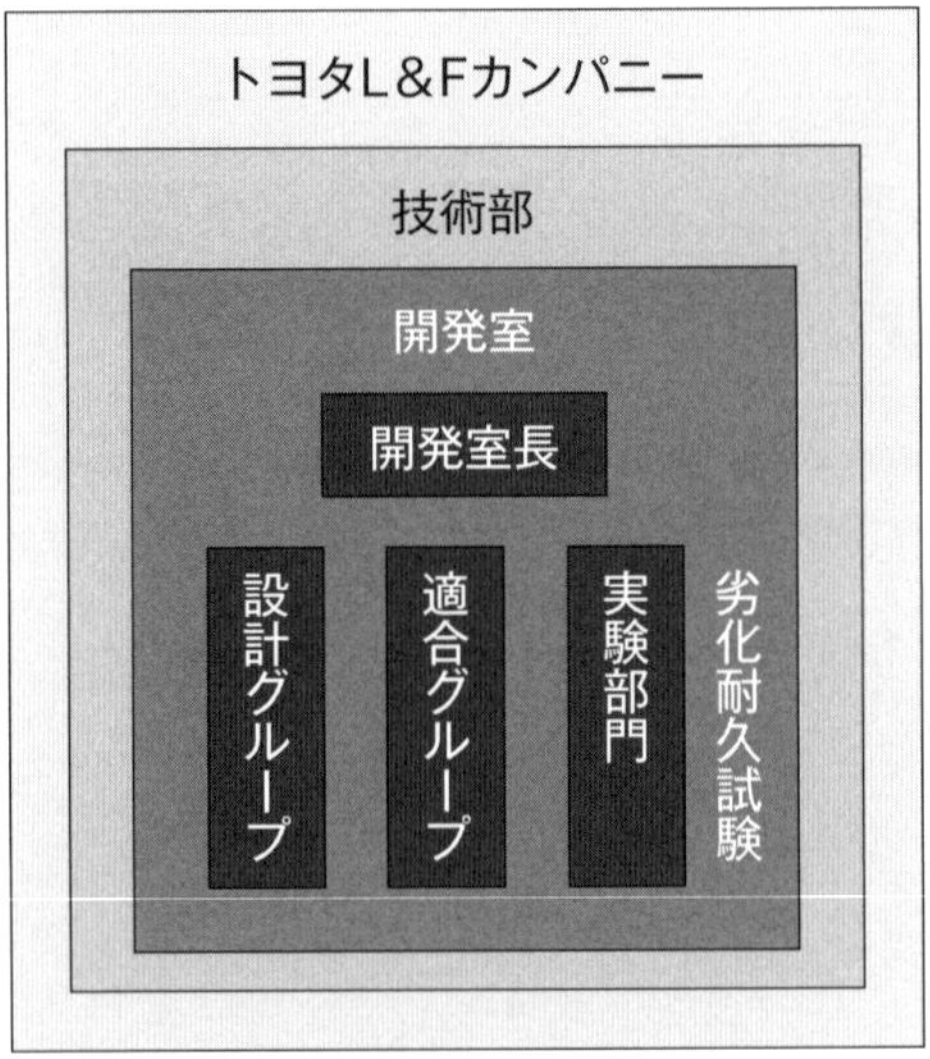

■ **図表78-1**　エンジン開発の組織体制。（出所：筆者）

「L&Fの担当者らに相談しても量産開始日の後ろ倒しを受け入れてもらえる見込みは低く、また、エンジン事業部の上司に相談しても助けてもらえないと思っていたため、量産開始日を後ろ倒しにすることをL&Fに相談しなかった」

ここでL&Fとは、豊田自動織機で産業用車両事業を統括する社内カンパニー、トヨタL&Fカンパニーのことです。日程に無理があるため、実験部門は1KDエンジンの電子制御ユニット（ECU）ソフトの制御パラメーターが決まる前に劣化耐久試験を始めたのです。1回目の同試験では排ガスが目標値を超えたので、仕様を変更したエンジンで2回目の試験を始めました。このときもうまくいかず、途中で打ち切りました。

これは、2013年4月ごろのことなので、8月の量産開始には到底間に合いません。グループリーダーは開発室長に次の内容をメールで相談しました。

- 法規を順守する場合、5月末までに耐久劣化試験レポートを米国当局へ提出することは不可能
- 認可の遅れにより量産開始日が遅れる
- 量産開始日の期日を順守する場合はデータの差し替え（不正）をしなければならない

この相談に開発室長が返信しなかったため、グループリーダーが担当者に不正処理を指示

したとのです。
この事例で興味深いのは、グループリーダーが法規順守か期日順守かで悩み、期日順守のほうを選んだという点です。どのメーカーの開発関係者でもこの選択に悩む人は多いのではないでしょうか。期日を〝順守〟するという言い方にはコンプライアンスの本質を見誤る危うさがあるだけに、日程（期日）順守という言葉はもっと慎重に使うべきです。

（1）豊田自動織機特別調査委員会、調査報告書（公表版）、2024年1月29日。

Q79 仕事の日程が間に合わないときはどうするのか？

A

日野自動車のディーゼルエンジン不正、ダイハツ工業の衝突安全不正、豊田自動織機の排ガスデータ不正に共通する原因は、開発日程が硬直的で見直しが許されなかったことです。国内トップ企業であるトヨタ自動車のグループ会社で開発日程が見直しされないのですから、どのメーカーも同じなのでしょうか。

筆者は大学教員時代、ある講義の受講者（ほとんどが社会人技術者）に「仕事の日程が間に合わないときはどうするのか」と尋ねたことがあります。そのとき、製品開発に携わっている人が「日程を見直してもらう」と、当然の権利のように答えたことが印象に残っています。その人が勤めていた会社は誰もが知っている世界的に有名な精密機器メーカーです。

法規順守か日程順守か——。それで迷っている人は、自分の視野の狭さに気づいてほしいと思います。

Q80 開発段階のレビューの負担が重いと性能偽装に陥る？

A

開発評価（レビュー）のメンバーに一度選ばれると、他の製品のレビューメンバーにも選ばれるようになって、負担がさらに増えるとのことです。その結果、本来の開発業務の時間が取れなくなって、性能偽装に陥るなら本末転倒です。

品質コンプライアンスの観点で、レビューの体制のチェックポイントは、レビューに開発関係者が深く関わっていないかどうかという点です。開発段階で性能が偽装されているときに、開発関係者がレビューメンバーに入っていると、性能チェックが無効化されやすいからです。

第1章Q13で説明した日野自動車のディーゼル不正では、燃費の性能偽装に関わったエンジン開発の関係者がレビューメンバーに入っていて、「燃費を開発完了評価の項目から外していた」と、[1]調査報告書に記されています。開発関係者はその後のレビューの燃費評価については書類審査のみであることを知っていたので、開発完了評価さえクリアできれば性能偽装が可能だと分かっていたのです。

レビューのメンバーにいつも同じ人が選ばれるということは、その人に悪意がなくても、レビューのプロセスや視点が固定化するという問題があります。レビュープロセスが固定化されると、抜け穴が見つけられやすくなります。開発担当者が目標性能をクリアできないとき、性能偽装に逃げることもあり得ます。

また、レビューメンバーになる人が特定の人に集中する状況は、その人の代わりがいないことを意味するので、その人を異動させにくくなります。つまり、その部署が属人化しているという問題があるのです。

そこで、レビューメンバーをランダムに入れ替える仕組みにすれば、次の効果を期待できます。

- ●レビューメンバーへの負担集中を軽減する
- ●人材の育成と流動化を促進する

●性能偽装へのけん制になる

内規などでレビューへの参加回数について1年当たりの上限を決め、より多くの人がレビューに参加するように変えるという方法もあるかと思います。簡単にできることではなさそうですが、品質コンプライアンス活動の中で、このような問題意識を共有することから始めてほしいと思います。

（1）日野自動車特別調査委員会、調査報告書、2022年8月1日.

Q81 営業担当者が全数検査を条件に受注すると検査不正に陥る？

A 法令などで全数検査が求められているものでなければ、大量生産品は抜き取り検査で品質を確保するのが一般的なやり方です。しかし、営業担当者が全数検査を条件に受注することがあるそうです。顧客にとっては、抜き取り検査よりも全数検査のほうが安心だからです。

そのような場合でも、製造部署は抜き取り検査で十分だと考えているでしょうし、全数検査と抜き取り検査では工数や単価が全く違います。もし、工場が抜き取り検査で済ませてしまうと、製品としては問題がないのに、契約違反の意味で検査不正になります。

なぜ、こうなってしまうのか――。一つは、営業部署が製造部署よりも強いという部署間格差の問題があります。部署間格差については既に第1章Q8などで考えてきました。もう一つの問題は、営業担当者が抜き取り検査の考え方を理解できていないことです。例えば、初歩的な統計学の習得を社内資格化し、特定の製品の営業にはこの資格の取得を義務付けるという方法が考えられます。実際、特定の業務を担当できる条件として、社内認定資格を義務付けている企業は珍しくありません。

営業担当者向けの研修や社内資格化が難しい場合は、内規で全数検査可能な製品か抜き取り検査でのみ受注可能な製品かを決めておく方法があります。そして例外案件の受注については、営業部署と製造部署の2部署の役員決裁とするのです。他には、顧客向けに抜き取り検査でも問題がなく、コストダウンになることを説明するパンフレットを用意しておく方法も考えられます。

Q82 抜き取り検査で問題はないか？

A 技術者の方には釈迦に説法になりますが、抜き取り検査の考え方を簡単に説明しておきます。

製品の品質管理では、全ての製品を検査する全数検査か、ランダムに抜き取った製品を検査する抜き取り検査のどちらかが行われています。全数検査では全ての製品を検査し、合格品のみを出荷します。

一方、抜き取り検査では性能のバラツキの標準偏差σの3倍（3σ）か4倍（4σ）が基準値を満たせばよいと考えます。これは、次の考え方によるものです。

図表82-1の棒グラフは、ある製品の寸法を抜き取り検査して測った結果とします。検査結果の平均値と標準偏差から、この製品の寸法の母集団を正規分布で推定します。この場合の母集団とは、造った全ての製品の寸法に関するバラツキの分布のことです。これは全数検査しなければ分かりませんが、統計学に基づき抜き取り検査の結果から母集団の分布を推定する考え方があります。

例えば±3σ法で品質管理している場合は、平均値から3σ離れたところが基準値以内なら、この製品の99.73%が基準を満たしていると考えます。つまり、基準値外のものが現れ

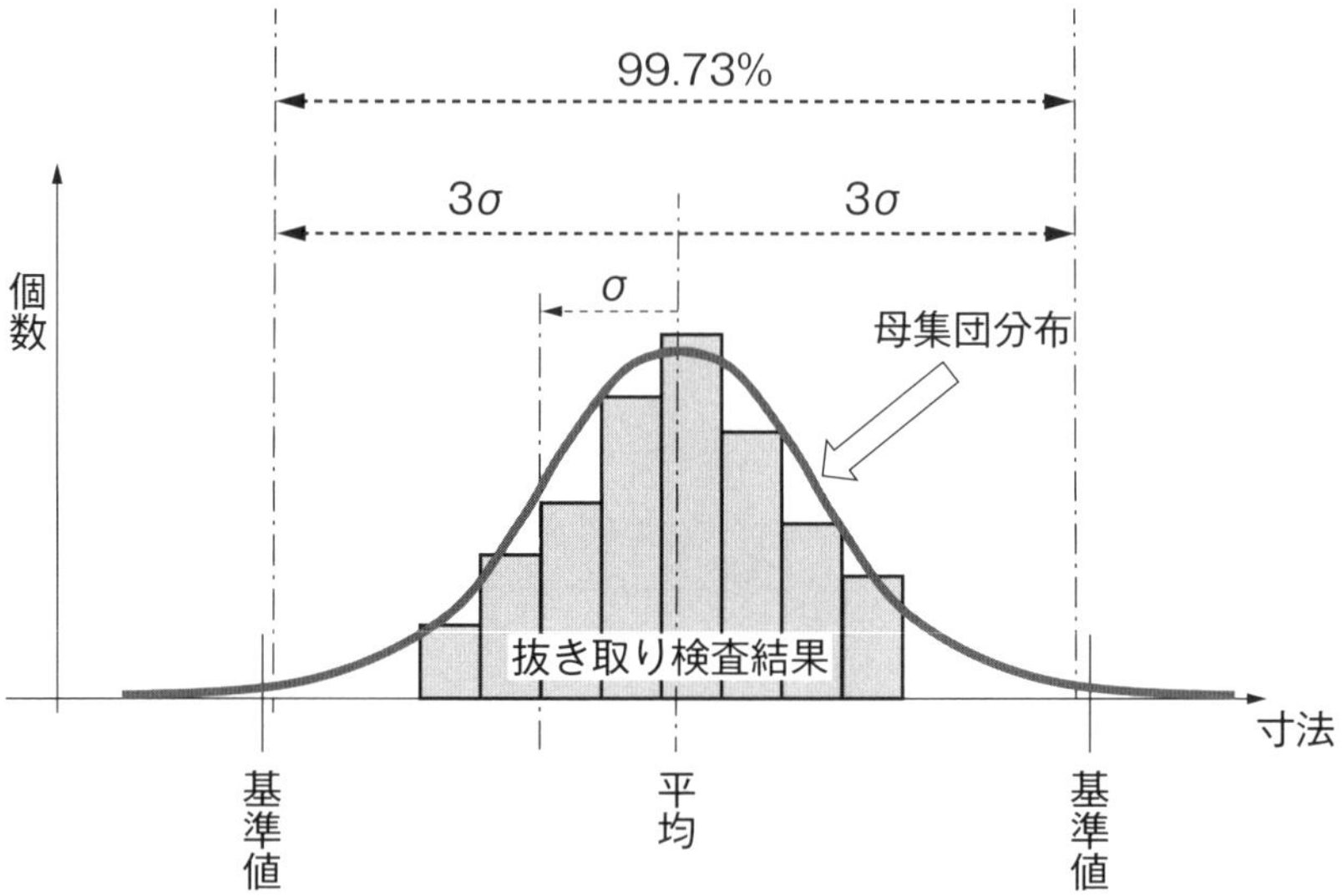

■ **図表82-1**　抜き取り検査結果と母集団分布。(出所：筆者)

る確率は０・27％です。出荷する製品が１０００個なら基準値外の製品があるとしても、

１０００個×０・27％＝２・７個

と、基準値外の製品が３個あると考えます。つまり、顧客との取り決めで±３σ法を使う場合は、基準値外の製品が３個混ざっているかもしれないけど受け入れてもらうという考え方です。基準値外の製品が混ざっていても品質不正ではありません。

Q 83 品質コンプライアンスの観点で開発・製造部署の役割は何か？

A 筆者の講演では、品質保証関係者に期待する言葉で締めることが多いのですが、開発・製造の関係者もいて、開発・製造部署の役割を問われることがあります。開発・製造部署の役割は、製品の競争力と収益力を高めることで、これは誰もが分かっていることですから、この質問は品質コンプライアンスのための謙虚な姿勢から出てきたものとして考えます。

株式会社の5つのステークホルダーといえば、顧客、株主、従業員、取引先、地域社会です。地域社会への貢献とは、雇用や地元企業との取引による地域の活性化などのことで、これは技術者が忘れやすいポイントです。特に雇用の拡大は経営者の課題のように思えるので他人事に感じがちですが、雇用の原動力は企業の成長ですから開発・製造部署の活躍が周辺地域の雇用につながります。

筆者は、会社員時代に東京・神田にあるオフィスに勤めていたことがあります。神田といえば神田祭で有名ですが、土日に実施されるので一度も見たことがなく、完全にすれ違っていました。転勤の多い人や都心に勤める人ほど、地域社会との関係が希薄ではないでしょうか。

特に地方では、色々な事情を抱えた人が暮らしています。そのような人たちの働く場があることの社会的な意義を、改めて考え直してほしいと思います。地方の工場で働いている人は、どちらかといえば地味な役割の仕事が多いかもしれません。バリバリの技術者ほど世界レベルの技術競争で頭がいっぱいになり、地域のことまでは頭が回らないものです。だからこそ、地域の雇用まで意識が届くようになれば、一人の人間として気づくことがあるはずです。

これは「品質不正防止の7箇条」の第2条「コスト部署を軽視するな」、第3条「他部署に興味を持とう」、第5条「周りに感謝しよう」につながることです。開発・製造部署の人が地域雇用の役割に気づくことは、実は品質コンプライアンスの原点に立つことなのです。

第9章 品質保証・検査部門の課題解決

Q84 開発段階の不正を防ぐために、品質保証部は何をすればよいか?

A

品質保証部の業務は、製造プロセスでの品質確保が主な使命かと思います。開発プロセスへのチェックには関わっていないことがあり、その場合には開発部署で起きる性能偽装や認証不正への監視が効きません。品質保証という目的のためには、開発プロセスにも品質保証部が関わることが必要です。

そのためには開発評価(レビュー)のメンバーに品質保証部署が加わるのが理想です。しかし体力的な限界があるので、現実的な方法としては全てのレビューの会議などに品質保証部が任意に参加できる権限を持つというやり方があります。レビュープロセスを定型化させないことが、開発時の性能偽装へのけん制になるからです。

このやり方を導入するとき、開発部署の発言力が強い会社では「開発期間が長くなる」などの反論が出てくるかもしれません。このような反論は、開発業務が何よりも優先されるべきだという考え方から出てくるもので、管理業務の軽視になります。全てのレビューに品質保証部署が参加するよりも間接コストを大幅に削減する方法ですから、開発部署が強く反対するのは不自然です。

また、開発段階で得られていた性能が量産時に再現できているかを、量産開始後の早い段階で品質保証部が確認することも重要です。これも全ての製品で行う必要はなく、任意に製品を選んで性能確認を行うだけでも効果があります。もちろん、性能確認のためだけに設備をそろえる必要はなく、開発部隊の設備を使えばよいはずです。

品質保証部としては、ミクロな視点でのチェックポイントを数え上げたら、切りがありません。いくらやっても見落としがあるはずです。これを補うためにはマクロな視点で、開発日程に無理がないかなど、不正に追い込まれる要因をチェックすることが重要です。このときは開発部署を監視する立場ではなく、開発部署を救う立場であるべきでしょう。開発部署に無理なしわ寄せがきているなら、それを経営陣に伝えることも仕事です。開発日程がトップダウンで決まるケースでは口出ししにくい問題ですが、この場合は監査役や社外役員に相談してほしいと考えます。

そして、同業他社の品質不正が報道されたら、自社の製品に同様の問題がないかを検証する仕組みをルール化しておくべきでしょう。このようなルールがあることも、開発部署への強いけん制になるからです。

《事例》事業部配下の品証部の限界？　豊田自動織機の排ガスデータ不正

第5章Q58と第8章Q78で説明した豊田自動織機の排ガスデータ不正は、エンジンの開発プロセスで品質保証部が十分機能していなかったケースです。実際、[1]調査報告書には以下が指摘されています。

①品質保証部がデザインレビューに関与するのは量産試作評価の段階で、それ以前のデザインレビューは参考情報を取得するための参加だった

②排ガスの目標値設定の決定に品質保証部が関与することはなく、技術部のみで決定していた

③排ガス性能が確定する前の段階で劣化耐久試験を開始していたが、デザインレビューで、品質保証部がスケジュールに無理があることや劣化耐久試験の開始時期の問題を指摘していなかった

品質保証部がチェック項目を主体的に決められればよかったのですが、品質保証部は事業部の配下に置かれていたので、第1ラインの位置付けになります。事業部の配下では、ままならなかったのかもしれません。

(1) 豊田自動織機特別調査委員会、調査報告書(公表版)、2024年1月29日.

Q 85 品質保証本部が現場の問題に適切に対応しなかった事例は?

A 品質コンプライアンス上の問題が現場から品質保証本部に報告されたなら、品質保証本部はその問題を改善し、経営陣に伝えなければなりません。しかし、それが機能しなかったケースがあります。

《事例》信頼性保証本部の対応が不適切だった、沢井製薬のジェネリック不正

沢井製薬の試験不正については、第4章のQ33で少し触れました。本件の調査報告書[1]によると、2017年に九州工場品質管理課の担当者がテプレノンの溶出試験を行った結果、カプセルが溶けず不適合(逸脱)になりました。担当者は、これをYチーフに報告し、YチーフはXリーダーに相談しました。

溶出試験の不適合は以前から起きており、2013年には当時の工場長(製造管理者)がカプセルを詰め替えて試験するように指示していました。これにならってXリーダーはYチーフに不正試験を指示し、さらにYチーフは担当者に不正試験を指示しました。その後の溶出試験でも、カプセルの詰め替えが行われ、不正が常態化していたのです。

本来なら「医薬品及び医薬部外品の製造管理及び品質管理の基準に関する省令(GMP省令)」に基づいて逸脱管理をすべきでした。同省令の第十五条第1号には逸脱の管理として「逸脱の内容を記録してその影響を調査し、品質保証部署に文書で報告して確認を受ける」と定められています。ところが、九州工場では逸脱の記録を残さず、影響調査も行わなかったのです。つまり、逸脱管理をしなかったことが省令違反になります。

九州工場の生産技術課は逸脱の原因を調査し、カプセルに原因があることを突き止めまし

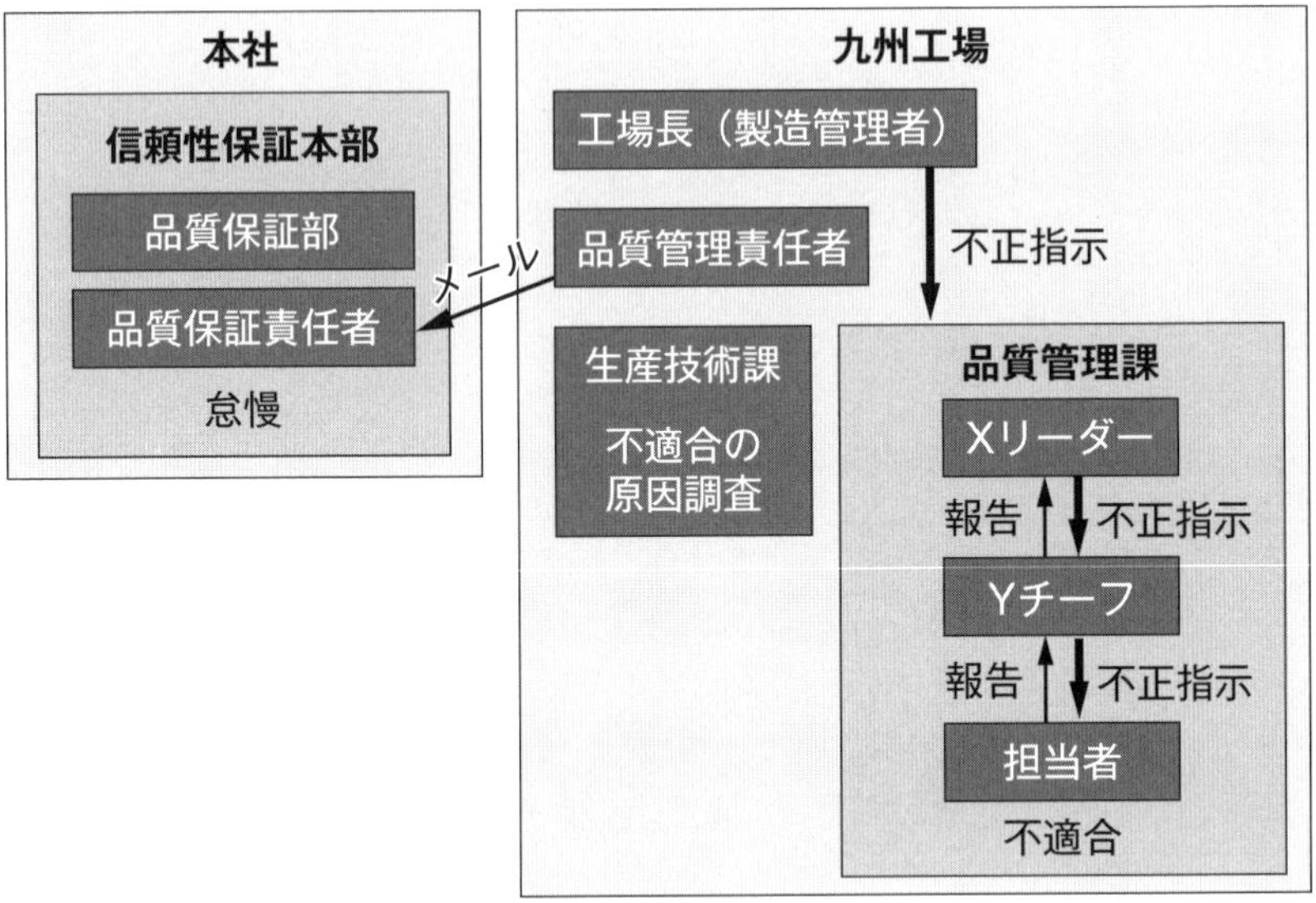

■ **図表85-1** 沢井製薬の試験不正と逸脱管理。（出所：筆者）

た。同工場の品質管理責任者は、この内容を本社信頼性保証本部の品質保証責任者にメールで報告しました。同省令では正式な文書（逸脱発生報告書）で報告することになっているので、メールだけでは省令違反になります。

本来なら品質保証部は工場からのメール報告に対して、正式な文書を提出するように指導すべきでした。そして、逸脱管理が適切に行われているかもチェックし、対応方法を指導すべきだったのです。**図表85-1**には、これらの流れをまとめました。もし、信頼性保証本部が適切な対応をしていれば、品質不正につながらなかったかもしれないだけに、残念なケースと言えます。

（1）サワイグループホールディングス、「当社子会社における特別調査委員会からの調査報告書の受領及び再発防止策に関するお知らせ 調査結果報告書（概要版）」、2023年10月23日．

Q86 検査体制が十分かどうかの基準は？

A

検査不正の調査報告書では必ず「検査体制の不備が不正の原因」と指摘されます。それだけに検査関係者は、今の検査体制で十分かどうかが気になるのでしょう。今の業務量をもっと頑張ってこなすべきなのか、そもそも無理があるのか、検査不正に陥る前にはっきりさせられれば、経営陣に体制の補強を訴えやすくなります。

検査体制が十分かどうかを客観的・定量的に測るためには、定められた検査業務を適切にこなせる体制になっているかで考えるのが分かりやすいと思います。どの会社でも厚生労働省の「時間外労働の上限規制」に従って残業時間のルールが整備されているはずです。従って、会社が定めた残業時間の範囲内で、検査業務が回っていれば適正と言えるでしょう。

そうでなければ人員不足か設備不足ですから、脆弱な体制と考えられます。その場合には過重労働になるか、サービス残業をするか、あるいは検査業務の一部を省略して検査不正に陥るしかありません。しかし、どれもコンプライアンス違反です。体制不足の懸念は早めに上司に相談してよいはず。経営陣が品質コンプライアンスを重視するのであれば、この手の問題に優先的に対応する姿勢を社内に示すべきでしょう。

Q 87 本社の品質保証本部と製造拠点の検査課の兼務は大丈夫か?

A

一般論として、業務の目的が対立する部署間の兼務は、相互監視が効かなくなるので「不可」です。製造部署は売り上げや収益を上げる立場であり、検査・品質保証部署は顧客側の立場で出荷を判断する立場であるので、両者の業務は対立する部分があります。従って、製造と検査の兼務は品質コンプライアンス上のリスクが大きいと言えます。

一方、本社の品質保証本部と製造拠点の検査課は、どちらも顧客側の立場で仕事をしているという点では対立しません。従って、この兼務に関しては問題が少ないと考えられます。

ただし、ポイントは、兼務時の本務先が本社の品質保証本部になっているかという点です。本務先が製造拠点の検査課にあると、本社機能が製造現場の都合に影響されやすくなります。もし、ある検査部署で不正が行われていても、その関係者が本社の品質保証本部を兼務していると、本社からの問題部署への監視が甘くなるからです。

本社の品質保証本部の人が現場の検査部署出身であるケースは多いはずです。もし、その人が前任部署で不正に関わっていると、品質保証本部から前任部署への監視が甘くなります。このリスクを避けるためは、品質保証本部の人には前任部署を担当させないことがポイントです。

Q 88 品質保証部のメンバーのモチベーションを高めるには？

A

講演先で次のような意見を聞くことがあります。

- 内品質保証部門は花形部署に比べて報われ方に不満を感じる
- 内品質管理では不具合ゼロが当たり前とされ、品質保証部門の苦労が分かってもらえないこのような思いは、今までは声に出せなかったのかもしれません。大勢の社員の前で、このように言う人が現れたことは大きな前進です。

報われ方には、現在の報われ方と将来の報われ方の2通りがあります。現在の報われ方への不満とは、部署間格差によるものではないでしょうか。例えば、人材・設備が花形部署（開発・製造）に見劣りすることや花形部署から見下されることなど、つまり経営陣からも現場からもリスペクトされていないということです。この問題については、「品質不正防止の7箇条」の第2条で「コスト部署を軽視するな」と提言しています。これを実現するための具体策については、第2章のQ17で説明しました。そして経営陣には、自らの言動によって職場の風土を変えてほしいと思います。

将来の報われ方への不満とは、人事評価や昇進の面で花形部署に劣るということかと思います。部署間格差の問題については、品質不正防止の7箇条の第1条で「日陰の人に光を」と提言しました。これの具体化についてもQ17で触れましたが、経営陣が覚悟をもって人事施策に反映してほしいと考えます。

しかし、これらの提言が社内から出てくるだけでは、経営陣はあまり聞いてくれないという話があります。ただ、そのような経営者でも、社外の人が言えば耳を傾けてくれるそうです。

続いて、仕事がどのように報われたら幸せになるかを考えます。ボーナスの増額は一時的な幸せでしかなく、お金を使ってしまえば忘れてしまいます。やはり持続的な幸せを感じることのほうがモチベーションにつながるはずです。そのためには、今の仕事の経験が自分のキャリア形成にプラスになることが、何よりも重要になります。

さらに言えば、自分の技術力をもっと磨いて、他社に転職できるようなバリューを身に付けてほしいものです。会社にしがみついているのではなく、「自分が役員を養っている」くらいの気概を持つべきでしょう。第４章のＱ44で述べたように、学会や研究会に参加することも効果的で、自分自身の社会的なプレゼンスを高めることができます。これは品質保証部に限らず、どの部署でもモチベーションアップの方法として使えます。

Q89 品質保証部の発言力を強くするには？

A

発言力の強弱は人間関係の強弱の反映ですから、将来のキャリアが保障され、自信のある人ほど発言力が強いと言えます。従って、品質保証部署の発言力を強くするには、キャリア面で他部署と同程度以上の可能性を持たせることが必要です。これは優遇ということではありません。「品質が競争力の源泉になる」という経営思想を反映したものであるべきです。
具体的な人事施策としては、以下が考えられます。

①元気のよい人を品質保証部署に入れる
②部課長への昇進条件に品質保証部署や本社の管理部門の経験を加える
③品質保証部署出身の役員がいる

①は第4章のQ37でも触れましたが、意外とできていないのではないでしょうか。仕事上の問題点があれば、上司にズケズケと言える人を品質保証部に入れて、おとなしい部署に活を入れてほしいものです。
②については、既に取り組み始めたメーカーの話を個人的に聞いています。
③の品質保証部署出身の役員がいる会社では、品質保証部の意見が経営に届きやすくなる点で、品質コンプライアンスの強化につながります。併せて、経営陣が品質保証部署から期待されるようにもなります。このような会社では、品質保証部署への異動がプラス材料になり、上下対流を含む人事ローテーションが行われ、部署間格差がなくなっていきます。
会社によっては、最高品質管理責任者（CQO：Chief Quality Officer）や最高品質管理技術者（CQE：Chief Quality Engineer）が任命されています。具体的には、トヨタ自動

車やパナソニック ホールディングス、東レなどが執行役員クラスのCQOを任命しています。このように、具体的な役員ポストがあれば、品質保証部署のモチベーションが高まることでしょう。

経営者によっては、「流通や調達を競争力の源泉にしたい」と考える人もいます。その場合には、前述の①、②、③の文言にある「品質保証部署」をその部署に置き換えて考えてみるといいでしょう。どの部署からも役員が生まれる会社になれば、部署問格差がなくなり、品質コンプライアンスを高めることができます。

Q90 品質保証関係者に聞かせたいポジティブな話は?

A 講演先などで次のような声を聞いてうれしくなったことがあるので、少し紹介します。

「入社以来品質保証部にいて、誇りをもって仕事をしている」

この話をしてくれたのは、機械メーカーの若手の方でした。品質保証部の発言力が弱いと品質不正が起きやすくなるので、このような人を生かすことが品質コンプライアンスの力になります。

「日本全体で品質保証関係者の元気がないので、盛り上げていきたい」

この話は、製薬会社の品質保証部のマネジャークラスの方でした。品質不正のニュースが絶えず、品質保証関係者には逆風の時代かもしれません。自社だけでも盛り上げようという気概が日本全体に広がってほしいと考えます。

「品質保証部は勇気を持って、経営陣に言うべきことを伝えてほしい」

このコメントをしてくれたのは経営者の方で、全ての経営者に見習ってほしい言葉です。「何でも言ってほしい」という経営者は多いと思いますが、品質保証部からの話は面倒な案件が多いはず。「勇気を持って」と一言添えることで、経営者の覚悟が伝わり、品質保証部の背中を強く押すに違いありません。

Q91 「超・品証」に込めた、品質保証部署の将来像とは？

ここ数年の動きとして、検査部署の組織名を品質保証部署に変えた会社が多いと思います。これは組織名を業務の内容から業務の目的に変えたことになります。

モノ作りの現場で磨き上げてきた品質管理は十分進んできたものの、品質不正が起きるようでは品質管理どころではありません。国内メーカーの品質不正が続いていることもあり、品質保証部署は品質不正の防止に取り組み始めています。これは、品質保証という大きな目的に沿った動きです。検査部署を製造から独立させるため、品質保証本部の配下に置く会社が現れたのもこの流れに沿うものです。

実務では「守りの品質管理」「攻めの品質管理」という言葉が使われています。前者は品質管理上の問題が起きてから対策を行うもの、後者は問題が起きないように未然に防ぐ考え方です。どちらもモノ作りのプロセスを見ているという点では同じなので、品質不正防止の7箇条の視点では守備範囲が狭いように感じます。

実際に、品質不正は開発や保守サービスの部署でも起きています。例えば、日野自動車のディーゼルエンジン不正はエンジン開発部署で、島津製作所子会社による故障偽装は保守サービス部署で起きました。すなわち、品質保証部署は開発・製造から検査・保守までの全てのプロセスをチェックすることになります。

第2章のQ17で説明したことですが、品質コンプライアンスの強化には、部署間格差やパワーハラスメント（パワハラ）など不正の温床を改善する必要があります。従って、品質保証部署はモノ作りのプロセスだけではなく、人や風土の問題も扱うべきでしょう。つまり、人事施策の見直しや社風の改善を経営に提言することまで期待されます。そのためには、品質保証本部は組織横断的に活動できることが必要です。

この将来像は、従来の品質経営の発展形ではなく、全社総合的なアプローチで品質保証を高めるものです。筆者は、このコンセプトを「超・品証」と呼んでいます。

第10章 経営の課題解決

Q92 企業の成長と品質コンプライアンスは両立可能か？

A

日本のメーカーは、高い品質と信頼性を成長の原動力にしていた時代がありました。若い人は知らないかもしれませんが、「Made in Japan」への信頼は絶対的でした。当時の輝きがうせているのは確かですが、品質コンプライアンスの向上が長期的な競争力の源泉になることは間違いないでしょう。

とはいっても、これは表向きの正論にすぎず、全ての経営者が優先的に取り組んでいるわけではありません。なぜなら品質不正への防止には、品質保証部署や検査の体制・設備を補強するなどのコストがかかるからです。このコストには、現場のコストと本部のコストがありますが、どちらも生産に関わっているために直接コストのように映り、費用対効果を考えてしまいます。その結果、収益力と不正防止力をトレードオフの関係で捉えてしまうのです。

品質コンプライアンスのためのコストは費用対効果で評価するのではなく、医療費のようなものと考えるのが本来の形ではないでしょうか。病気にかかったときに、病院に行くかどうかを費用対効果で考える人はまずいません。もちろん病院頼みにならないよう、健康づくりが大切なことは誰もが分かっていることです。

このことを品質コンプライアンスに当てはめるなら、活力と競争力を高めることが健康づくりになります。強い部署間格差は企業活力を失う病巣であり、パワハラ体質やセクショナリズムは競争力を失う病根です。品質不正防止の7箇条が目指すものは、働く人に幸せな職場づくりであり、活力と競争力を体質的に強くすることです。つまり、成長と品質コンプライアンスは長期的に両立できるはずです。

役員は任期中に結果を出したいので、長期的な課題は後回しにしがちですが、置き土産を残す経営者が増えてほしいものです。

Q 93 品質コンプライアンスの観点で経営者はどうあるべきか?

A 「品質不正を許さない」と言うだけなら誰にでもできますが、担当者の腹に落ちるでしょうか。重要なことは「不正の温床を撲滅」することです。経営陣がこれを宣言できるなら、従業員に本気度が伝わります。その具体的なアクションは品質不正防止の7箇条で説明しました。

品質不正の中でも、特に検査不正は経営者の覚悟次第で簡単に撲滅できるはずです。それは「品証が駄目と言ったら絶対駄目!」と、現場に徹底させれば済む話だからです。経営者にこれを言う覚悟がないのは、「製造の不都合には目こぼししてほしい」といった甘えを捨てきれないからです。既に起きていて隠されている品質不止には効き目が弱いかもしれませんが、新たな不正を生まないためには効果があるはずです。

経営者が厳しい目標を現場に課すのは当然の役割ですが、「厳しい」が「無理」に変わると、品質不正が起きます。「無理」にさせないためには、現場の声に耳を傾けているかがポイントです。しかし、ほとんどの従業員にしてみれば、経営陣にとって面倒な話はしにくいもの。「困ったことがあれば、勇気を持って言ってほしい」と言える経営者であるべきでしょう。そして面倒な話を持ち込んできた人にも、必ず感謝の気持ちを示してほしいと思います。もし、自社で品質不正が発覚したときは、速やかに公表する姿勢が必要です。これについては、Q100で説明します。

Q94 品質コンプライアンスでは厳しい目標が悪いのか、厳しい目標を課すことも必要ではないか？

A この質問を頂いてから、筆者は「厳しい」と「無理」の違いを意識するようになりました。

厳しい国際競争にさらされているビジネスで、経営目標が厳しくなることは避けられません。立てた目標が厳しいか無理かの区別が曖昧なだけに、どこまでが「厳しい」で、どこからが「無理」なのかを考えることが、経営者の在り方を変えることになります。

よほど凡庸な経営者でなければ、初めから無理な目標を立てることはないでしょう。一度決めた目標が達成困難なとき、経営陣がその問題を現場任せにしているなら、それは無理な目標に変わります。現場の課題を経営陣が共有できているかが、厳しい目標を無理な目標にさせないためのポイントです。

例えば第1章のQ13で説明した日野自動車のケースでは、目標の見直しは不可能という経営スタイルでした。調査報告書には次のように書かれています。

「最初から作り込めない日程で始まり、確認の関所でも止めるという選択肢がない。問題があっても日程不変で何とかしろとなってしまう」

経営陣が現場の声を聞かずに現場任せにしていれば、厳しい目標は無理な目標に変わります。「現場を甘かしてよいのか」といった声もあるでしょうが、甘やかすのとは違います。現場の状況が厳しいとき、それを経営陣が共有しているのかが問われるのです。

Q95 現場の不公平感が品質不正を招いた事例は？

A 一見公平に感じる目標設定が、実は不公平感を招き、品質不正に至った事例があります。

《事例》背後にあった業績目標への強い不合理感、島津製作所子会社の故障偽装

島津製作所の子会社、島津メディカルシステムズの不正タイマーによる故障偽装については第5章のQ60で説明しました。本件の調査報告書[1]によると、技術部門の業績目標は前期比数％増と決められ、このやり方が長年繰り返されていました。業績目標は、保守契約が純増していくとの前提で設定されていますが、実際には保守の解約や医療機関の廃業といった特殊要因による保守契約の減少があります。

東京や大阪などの大都市圏では医療機関が多いので特殊要因の影響を受けにくく、安定的な成長が見込めました。一方、九州南部の営業拠点は市場規模が小さいため、特殊要因に影響されやすく、安定的に成長する市場ではなかったのです。このため現場では業績目標への不合理感が強く、不正タイマーを仕掛けて売り上げを伸ばした、と調査委員会は推定しています。第1章のQ5で解説した「不正構造仮説」に立てば、「経営の無理な圧力によって、現場が組織防衛のために不正に逃げた」ことになります。

各拠点の営業目標を一律に前年度数％増と決めるのは、公平な方法に見えるだけに見落としやすいところです。このケースでも現場の声が経営に届くようにしておくことが、厳しい目標を無理な目標にしないポイントになります。

Q 96 海外メーカーによる品質不正問題はあるか?

A リスクマネジメントや企業ガバナンスは、欧米のやり方を取り入れてきた経緯があるので、企業不正の防止の面でも欧米のやり方から学べないかと考える人が少なくありません。確かに、会計不正は海外企業でも起きており、リスクマネジメントのフレームワークは正確な会計報告(会計不正の防止)のために作られているように感じます。

一方、海外での品質不正についてはドイツ・フォルクスワーゲンのディーゼル排ガス不正(2015年)が有名ですが、それ以外はあまり聞きません。最近は米ボーイングの旅客機787の検査不正が内部告発されて問題になりましたが、同社は不正を否定し、米連邦航空局(FAA)が調査中です(2024年6月現在)。

筆者は時々、品質保証関係者に海外の品質不正の例について尋ねますが、「フォルクスワーゲン以外は聞かない」との答えばかりでした。もちろん「隠していて公表されないのかな?」という声もあります。

(1) 島津製作所外部調査委員会、調査報告書(公表版)、2023年2月10日。

第3章のQ27で考えたように、品質不正はタテ社会の人間関係が強い日本企業に多いのかもしれません。人間関係以外でも、欧米メーカーと日本メーカーでは品質コンプライアンス上の大きな違いがあります。この違いについて、国、経営、現場の観点から簡単にまとめます。

国の姿勢の違い

欧米では、企業不正に対して巨額の罰金が科され、内部告発者は罰金の10〜30%の報奨金がもらえる仕組みがあります。東洋経済オンラインの記事によると[1]、タカタ（2017年に経営破綻）のエアバッグの欠陥問題では、3人の元従業員が米国家運輸安全委員会（NTSB）へ欠陥の問題を通報。その後、米国政府はタカタに罰金を科し、170万ドル（当時の為替レートで約1億9000万円）が3人の通報者への報奨金に充てられました。

ボーイングの検査不正の疑いについても、内部通報者が米議会において実名で証言するなど、日本メーカーの品質不正とはずいぶん様子が違います。

内部通報者への保護にも違いがあります。通報者への報復には解雇や人事異動、降格、減給などがあります。日本の公益通報者保護法では、通報者が（報復として）解雇された場合、会社側がこれを報復でないと立証しなければなりません。しかし、解雇以外の報復については会社側に立証責任がなく、どうするかを検討中のようです[2]。

報復された人が裁判を起こすことがあります。例えば、（報復として）異動させられた場合、従業員は会社の人事情報にアクセスできません。しかし、会社側は「勤務態度が悪い」などの理由で異動を正当化してくるので、その異動を報復だと立証することは非常に難しいのです。このハンディを背負って最高裁判所まで争うのは大変なことです。

欧州連合（EU）諸国ではEU公益通報者保護指令の第21条5[3]によって、内部通報者への報復を禁じています。報復を受けた人が裁判を起こすと、解雇だけではなく異動や降格、減給に対しても、それが報復ではないことを会社側が立証しなければならなくなりました。この点で日本はEUに比べてかなり遅れています。

会社ガバナンスの違い

第1章のQ5で解説した不正構造仮説に立てば、品質不正の原因の第1は、経営陣からの無理な圧力です。そうならないためには、経営陣を監視するガバナンス体制がしっかりとできていることが重要です。この点で欧米企業と日本企業では大きな落差があります。

日本総研[4]のリポートによると、米S&P100社では取締役会に占める社外取締役の割合は86・4%、英FTSE100社では78・3%です（2020年時点）。つまり、取締役会のほとんどが社外取締役なのです。日本では2021年にようやく会社法が改正され、監査役会設置会社であるなどの要件を満たす会社に対し社外取締役の設置が義務付けられたばかりです。そして、日本企業のＴＯＰＩＸ（東証株価指数）１００社では、社外取締役の設置率は48・２％と過半数に届いていません。

また、日本企業の社外取締役とは名ばかりで、グループ企業から派遣された社外取締役が少なくなく、一般株主の立場に立つ社外取締役ばかりではないのが現状です。そのような社外取締役に、果たして経営への監視を期待できるでしょうか。甚だ疑問です。

人の流動性の違い

日本でも転職する人は昔より増えていますが、欧米ほどの流動性があるわけではありません。まだ終身雇用が主流で、従業員の教育にコストをかけていることもあり、会社としては長く勤めてほしく、従業員もまた長く勤めたい人がほとんどです。

技術者が品質不正に陥るときは、やむにやまれずのケースです。それが嫌なら通報するか、会社を辞めるかすればいいのに、どちらもできずに不正に陥るのです。逆に、部下を不正に追い込む上司は、「部下は会社を辞めず、通報することもない」と高をくくっています。このように人の流動性の違いは、品質コンプライアンスの違いにつながるのです。

(1) 東洋経済オンライン、「内部告発者はリスクだけ、『善意頼み』日本の限界」、2022年12月23日、https://toyokeizai.net/articles/-/640888
(2) 消費者庁、立証責任の緩和について、2018年11月22日．
(3) EU法違反を通報する者の保護に関する2019年10月23日の欧州議会及び理事会の指令（EU）2019/1937．
(4) 日本総研、「コーポレートガバナンス改革の潮流を読む（中編）日米英3カ国の取締役会構造・取締役のスキル分析」、2022年12月19日、https://www.jri.co.jp/page.jsp?id=104157

Q97 社内で品質不正が発覚したとき、過去の担当者まで遡って処分すべきか？

A 不正に関わった担当者を処分するときの根拠は、従業員規則や社内規定などです。過去のコンプライアンス違反については、当時の社内規定に基づいて対応すればよいかと考えます。

気になるのは、社内の様々なひずみが一部の部署に集中し、やむにやまれず品質不正に陥るケースを、私欲のための横領と同じに扱ってよいのかという点です。上からの無理な圧力や担当者任せの不作為が品質不正の原因だと考えれば、品質不正に関しては上位者ほど重く処分するという規定に変えることが必要です。不正の調査では、第1章のQ7で説明した調査発注者免責の法則によって、上位者ほど調査が甘くなります。従って、実務的には監督責任を負う形での社内処分になるでしょう。

例えば、大学での研究不正の処分について考えると、研究不正は教員個人の私欲によるケースばかりです。教員個人の研究不正で、学科長や学部長が得することは何もないのに監督責任を問われ、減給処分などが行われます。営利企業での品質不正に関する上位者の監督責任は、大学の幹部よりはるかに重いはずです。

Q98 「ある期間内に不正を申告した者は処分しない」というキャンペーンは効果があるか？

A

これは5年ほど前に、ある執行役員の方から頂いた質問です。経営者の不正撲滅への思いは分かるのですが、「品質不正は担当者のコンプライアンス違反」といった表面的な考え方でキャンペーンを企画するなら問題があります。第1章のQ5の不正構造仮説で説明しているように、不正の源流は経営者や管理職にあり、担当者が私欲を満たすために不正行為に陥っているのではありません。

このキャンペーンによって申告する人が現れたなら、その人以外の同僚が処分されることになります。つまり、申告した人は処分されないため、それが誰であるかが分かります。すると、申告した人は職場での居心地が悪くなってしまいます。

もしキャンペーンを行うのであれば、最初に以下の方針を明確にしておくべきです。

●内申告のあった部署や関係者の誰をも処分しない
●内申告した人の匿名性を厳格に守る

キャンペーンの目的が不正の温床をなくすことであれば、筆者は反対しません。やるのであれば、品質コンプライアンスの障害になる部署間格差やパワハラ、セクショナリズムなどの問題を申告するキャンペーンのほうが、健全な会社に変えられるはずです。

Q99 社内ヒアリングで品質不正を洗い出せるか？

A 第2章のQ23で説明したように、三菱自動車ではリコール隠し事件の後で、全役職員が「企業倫理遵守の誓約書」に署名していますが、燃費不正は隠されました。誓約書への署名はヒアリングで回答するよりも責任が重いはずですが、あまり当てにはならないようです。

社内ヒアリングで何も出てこなかったとしても、その後品質不正が発覚したときに、経営者の努力が認められることにはなるでしょう。従って、株主代表訴訟などから経営陣を守ることにはつながります。

品質コンプライアンスに関して経営陣が自分を守りたいのか、会社の病巣を取り除きたいのかで考えれば、やるべきことは当然後者です。そう考えるなら、他社の事例をリスクシナリオに想定して、内部監査を行ったほうが実効的です。

Q100 品質不正が発覚したとき、早く公表すべきなのはなぜか？

A 品質不正の公表が遅れることの最大の問題は、顧客が製品の不備を知らずに利用しているということです。例えば、素材や部品の品質不正では、それを使う製品の品質に悪影響を及ぼします。自動車や建築物の安全性に関わる品質不正では、ユーザーが製品の危険性を知らずに使うという問題があります。加えて、公表の遅れは顧客を軽視する経営姿勢をさらすことになります。

品質不正によって株価が暴落するケースは少なくありません。公表が遅れると、投資家はそのリスクを長く知らずにいるわけですから、経営陣への不信感を強めます。機関投資家は国民の年金や生命保険の資金を運用しているので、株価の下落は国民全体の損失です。もちろん海外の資金も入っているので、不正の公表の遅れは世界中の人々を裏切ることになります。

不正が発覚してから公表するまで何カ月もかかるケースがあります。通報を受けて社内調査を行い、不正を確認するまではそれほど日数がかからないはず。不正の公表時には調査委員会が既に設置されているので、あらかじめ調査委員の構成や、調査範囲や規模を決めていると考えられます。不正調査を宣伝している法律事務所は数多いので、調査業者を確保するのに時間がかかるとは思えません。従って、通報から公表まで2カ月以上もかかるなら、遅れた理由を説明することが求められます。実際、公表が遅れる原因としては以下が考えられます。

①内部通報に対して速やかに対応しない
②不正の矮小《わいしょう》化やもみ消しを図る
③不正の全体像を把握してから公表しようとする
④不正を確認した後に速やかに対応しない
⑤社外役員が機能していない

①の例は、第5章のQ51で説明した藤倉コンポジットの子会社幹部の横領事件です。②の例は、同章Q60で解説した島津製作所子会社の故障偽装で、テレビニュースで問題が報道された直後に公表しています。

③は、記者会見で不正の全貌を説明したいか、調査の規模や費用を決めたいか、の場合になります。経営陣がステークホルダーに誠実であるためには、把握した事実を速やかに公表することが求められます。その後の調査で不正が拡大すれば、続報の形で調査報告書を公表

すればよいのです。

④のケースは多いはずです。第1章のQ7で説明した調査発注者免責の法則が効いているのか、この問題に踏み込んだ調査報告書はほとんど見ません。そして⑤は、社外役員に問題が伝わっていないか、社外役員が公表の遅れを黙認しているかのケースで、ガバナンスの機能不全が疑われます。社外役員は次の株主総会で不信任されないためにも、速やかな公表を経営陣に促すべきでしょう。

Q 101 品質不正が発覚したとき、不正の全貌を把握してから公表すべきか、調査の進展に合わせて随時公表すべきか？

A 品質不正を公表するときの記者会見では「それ以外に不正はないか」と必ず突っ込まれます。これに対しては、なるべくなら「これ以外はない」と答えたいでしょう。だからといって、不正の全貌が分かるまで待っていたら公表が遅れ、Q100で述べたデメリットのほうが大きくなります。
経営陣は、記者会見のたびに頭を下げるのは面白くないでしょう。しかし、不正の全貌を把握するまで隠しているよりも、問題の存在が分かった時点で随時公表していくやり方のほうが自然で、取引先などのステークホルダーに対しても誠実です。この点については次の事例が参考になります。

《事例》調査報告書を五月雨式に公表、三菱電機の検査不正

三菱電機は、名古屋製作所でのＵＬ(Underwriters Laboratories)認証不正を２０２１年5月と7月に、長崎製作所での検査不正を6月に公表しました。調査報告書(第1報)[1]が出たのは同年10月です。この調査によって不正の発覚が拡大し、同年12月に調査報告書の第２報、[2]翌２０２２年5月に第3報、[3]同年10月に第4報・最終報告を公表。[4]その後、関係子会社の調査を行い、調査報告書を２０２３年4月に公表しています。[5]
この五月雨式の公表に対して、日本経済新聞は第2報の公表時に次のように客観的に報じています。[6]
「全社の不正を調べている外部専門家による調査委員会は、10月に続いて第2弾の調査報告書を公表した。新たに鎌倉製作所（神奈川県鎌倉市）でも不正行為が確認された。11年1月～21年8月に製造したＥＴＣ設備で、顧客と全数検査を契約していながら一部しか検査しなかったほか、一部虚偽の試験結果を提出していた」

これを読むと、不正の拡大を批判する論調ではないことが分かります。不正が全社的に広がっていると企業体質が批判されますが、それは全貌を捉えてから公表しても同じです。

（1）三菱電機調査委員会、調査報告書（要約版）、２０２１年10月１日．
（2）三菱電機調査委員会、調査報告書（第２報）要約版、２０２１年12月23日．
（3）三菱電機調査委員会、調査報告書（第３報）要約版、２０２２年５月25日．
（4）三菱電機調査委員会、調査報告書（第４報・最終報告）要約版、２０２２年10月20日．
（5）三菱電機、当社関係会社における品質不適切行為に関する調査結果について、２０２３年４月14日．
（6）日本経済新聞電子版、「三菱電機、品質不正で漆間社長ら処分　新旧役員12人」、２０２１年12月23日．

Q102 品質コンプライアンスを高める、役員の報酬体系とは？

A

役員の報酬は固定報酬と業績連動報酬で構成されており、さらに後者の業績連動報酬は短期報酬と長期報酬で成り立っています。短期報酬は賞与と同じで、年度ごとの業績に応じて報酬額が決まるものです。**図表102-1**はこれをまとめたものです。

短期報酬の割合が多いと、経営者が短期的な業績を重視しがちになります。その結果、現場に無理がかかりやすくなるので、品質コンプライアンスを阻害しかねません。品質コンプライアンスのためには中長期的な企業活力の強化と社風の改善が重要なので、そのためには長期報酬のウエートが高いほうがよいと考えられます。従って、固定報酬と短期報酬、長期報酬の割合はそれぞれ均等とすればバランスがよく、実際にそのようにしている会社もあります。

次に、業績連動報酬の構成について考えます。短期報酬の業績評価は年度の決算で評価する方法が一般的です。中長期的な業績評価として広く行われている方法は、数年後の株価で評価する方法です。以前は長期報酬としてストックオプションが主に

■ **図表102-1**　役員報酬の形。（出所：筆者）

<table>
<tr><td rowspan="2">業績連動報酬</td><td>長期報酬
譲渡制限付き株式
数年後の株価</td></tr>
<tr><td>短期報酬
年度の業績</td></tr>
<tr><td colspan="2">固定報酬</td></tr>
</table>

■ **図表102-2** 1人当たりの役員報酬の形態。社外役員は社外取締役と社外監査役を含む。（出所：2020年3月期有価証券報告書を基に著者作成）

（百万円）

		固定	業績連動	
		基本報酬	短期報酬	長期報酬
日野自動車	社内取締役	43.5	21.1	5.5
	社外役員	10.8	0（株式保有）	0
豊田自動織機	社内取締役	48.0	30.6	0
	社外役員	10.5	3.0	0

使われていましたが、最近は株式報酬に変わってきています。これは上場株式を受け取る方式なので、報酬額の価値評価と売却の面でストックオプションより透明性が高いと言えます。株式報酬は譲渡制限付きになっていることが一般的で、受け取ってから数年間は売却できません。譲渡制限付き株式は透明性のある長期的な業績評価として広く採用されています。

社外役員は経営を監視する立場なので、業績連動報酬がないのが一般的です。まれに短期報酬のある会社がありますが、短期的な収益偏重に陥る経営を監視しにくくなります。

参考までに、エンジン不正のあった日野自動車と豊田自動織機の1人当たりの役員報酬を、有価証券報告書を参照して**図表102-2**にまとめました。ちなみに、ダイハツ工業は非上場なので、役員報酬が公表されていません。

この2社の品質不正は2022年と2023年に発覚したので、それ以前の2020年3月期の報酬を記しました。両社共に、開発日程が硬直的なことが不正の原因でしたが、これは経営陣の問題と言えます。日野自動車の社内取締役は、固定報酬の割合が全体の6割強を占めているので業績偏重に偏りにくい形ですが、長期報酬の割合が全体の1割弱しかないため長期的な業績よりも短期的な業績が重視されやすい構成です。また、3人の社外取締役全てが日野自動車株を5000~1万5000株保有していることも気になります。同社の株価が上がると得する構造は、短期報酬と同質だからです。

一方、豊田自動織機の社内取締役の固定報酬は全体の6割強ありますが、業績連動報酬は短期報酬のみなので、長期的な経営の視点を見失いやすい形態です。特に同社は社外役員にまで短期報酬がある点で珍しく、短期的な収益重視への監視が効きにくい報酬体系と言えます。

社外役員は、業績報酬も株式保有もないほうが身奇麗です。

第11章 子会社の品質コンプライアンス

Q103 子会社の品質コンプライアンスに関して参考になる取り組み例は？

A この質問への回答としては、ある化学メーカー（親会社）で聞いた話を紹介します。そのメーカーでは子会社でちょっとした品質不正が発覚しました。親会社が原因分析を行い、再発防止策を立てたのはよくある話ですが、さらにいい話がありました。

親会社はこの不正に似た品質リスクのある子会社を何社か選びました。選定された子会社に対しては「必要に応じて支援を検討する」としたのです。

親会社が官僚的だと、そのような子会社を〝監視〟する立場になりかねません。品質リスクが高いとされた子会社の人にとっては、不名誉なことになります。それだけに、〝支援〟という言葉の使い方に、現場に寄り添おうとする経営陣の姿勢が映るのです。

Q 104 検査機能を子会社化すれば独立性を確保できるか？

A

検査部署を製造から独立させるために、検査部署を子会社化する場合があります。これによって製造から独立して検査ができるかというと、それほど簡単な話ではないと思います。検査部署に必要なのは、組織的な独立性ではなく精神的な独立性だからです。精神的な独立性は可視的に分かりにくいから組織的に独立にするのであって、組織的な独立がゴールではありません。

子会社の精神的な独立性を確保するために、親会社のどの部署が検査子会社を管轄すべきかを考えてみましょう。もし、製造部署が管轄する場合は、検査子会社は親会社に資本関係で支配され、さらに製造部署に経営を支配されることになります。これでは、検査子会社は精神面と業務面の両方で製造部署から独立してはいません。従って、検査子会社は、本社の品質保証部門などが管轄すべきでしょう。

しかし、それだけではまだ不十分です。例えば、検査子会社の幹部が親会社から天下ってきた人ばかりだと、親会社と子会社の力関係は誰にでも分かります。さらに言うと、検査子会社にとって親会社の製造部署は最重要顧客であり、親会社以外とは取引がないケースもあります。この関係の下では、検査子会社が製造部署から無理を押し付けられたときに、それを拒否して取引先を変えるといった選択肢がありません。

検査子会社が資本と人事とビジネスで親会社に支配されている関係では、製造部門に忖度《そんたく》する弱い立場であり、精神的な独立性はありません。**図表104-1**はこの関係をまとめたもので、この状態なら、親会社の製造部署の配下にいたときのほうがまだましです。

もし、検査機能を子会社化する場合は、キャリアと給与で親会社以上に有利な条件を用意すべきでしょう。担当者が誇りを持って仕事ができる子会社なら、精神的な独立性を確保できます。

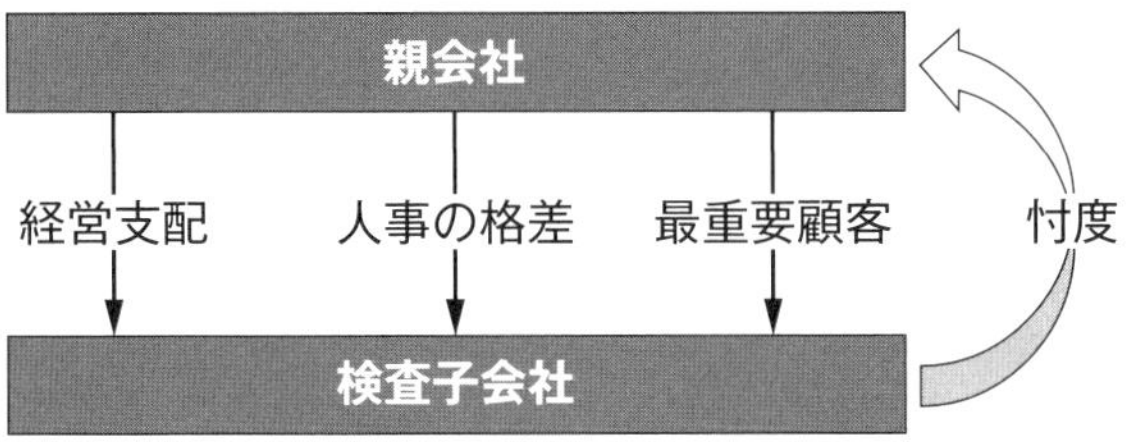

■ **図表104-1**　親会社から精神的に独立できない検査子会社。(出所：筆者)

Q105 海外子会社での品質コンプライアンスのポイントは？

A 会社によって海外子会社の状況が違うでしょうから、この質問には一般論として答えます。

第10章のQ96で説明しましたが、海外企業では人の流動性が高いので従業員の会社依存度は国内企業よりも低いと考えられます。品質不正に追い込まれるより、内部通報か転職の道を選ぶのではないでしょうか。米国のように内部通報者が報奨金をもらえる国では、当局に通報する選択肢もあります。

従業員から当局に通報されるよりも自社で不正を検知したほうが望ましいので、内部通報制度を実効性の高いものにすることが最も重要です。これは品質不正だけではなく、横領などの不正防止にもつながります。そのためには第5章のQ50で説明したように、コンプライアンスルールの現地語化と、日本の本社に現地語で通報できる仕組みを構築することが効果的です。

次に重要なことは、退職後でも通報を受け付けることです。国内に比べて海外拠点では離職率が高いでしょうから、退職者の情報提供は貴重になります。退職後に通報できる仕組みは、不正を強いる人へのけん制にもなります。

品質保証本部の人が現地を見に行くことも必要でしょう。海外拠点が多ければ何年かに一度でもよいはずです。現地の管理職や担当者が困っていることがないかを、生の声として聞きに行くことの効果は大きいと思います。まずは、オンラインミーティングを定期的に実施して、コミュニケーションを日常化しておくことから始めてはどうでしょうか。

Q106 本社から遠く離れた海外拠点の品質不正をどう監視すればよいか？

A 内部通報制度を現地語対応にすることは第5章のQ50で述べた通りです。海外拠点で既に品質不正が起きている場合は、国内拠点で隠蔽されているときと変わりなく、海外だからチェックが難しいというわけではありません。

現実的な方法としては、品質不正の温床となる部署間格差、パワハラ、セクショナリズムなどの問題がないかをアンケートで定期的にチェックすることです。これは不正をあぶり出すというのではなく、弱い立場の人を救うスタンスで行うほうが問題解決につながります。従って、品質保証部や内部監査部はアンケート項目の設計に関わるのみとし、アンケートの実施はコンプライアンス部などに任せるほうが生の声が届きやすいでしょう。

アンケートによって品質不正リスクの高い拠点が分かれば、アンケート実施部署がオンラインでもよいのでカウンセリングを実施し、次のステップとして現地ヒアリングをするのがよいと思います。これは国内拠点でも同じです。このやり方からも分かるように、品質コンプライアンスの向上には組織横断的な対応が重要で、その意味でも第9章のQ91で提言した超・品証というコンセプトが必要なのです。

Q107 子会社で品質不正が発覚したとき、親会社が調査委員会を設置すべきか?

A

上場企業の非上場子会社のケースで考えると、子会社の品質不正には親会社が調査委員会を設置すべきです。親会社が子会社の役員人事を握っている点で、子会社は親会社の事業部的な位置付けにすぎないからです。

第1章のQ7で説明した調査発注者免責の法則から考えても、子会社が調査委員会を設置すると経営陣への調査が甘くなります。従って、根源的な再発防止や信頼回復のためには親会社が調査委員会を設けたほうがよいのです。

形だけの調査で済ます会社には、信頼回復が見込めないという理由で、上場企業なら株主が経営陣を不信任にすることができます。しかし、非上場企業では経営者に対する資本市場からの規律が効きません。つまり、親会社が資本市場をないがしろにしているように映ります。

ダイハツ工業の衝突安全試験不正では同社が調査委員会を設置した点で、極めて異例なケースです。ダイハツは売り上げ1兆5000億円規模の大企業ですが、トヨタ自動車の完全子会社です。ダイハツが調査委員会を設置したこと自体は、トヨタが認めたと考えられますが、調査報告書[1]にはその理由が記されていないので経緯が分かりません。調査報告書には、経営陣の責任について次のように指摘されています。

「本件問題でまずもって責められるべきは、不正行為を行った現場の従業員ではなく、ダイハツの経営幹部である」

ダイハツは会長、社長など5人の取締役が退任し、新しい社長、副社長ら3人[2]の取締役がトヨタから送り込まれました。なぜかこのニュースリリースは親会社から発信されている点で、不正調査への姿勢とちぐはぐしています。

ダイハツはトヨタの完全子会社とはいえ、社会的な影響力の大きな企業です。そのような企業のガバナンスに資本市場からの監視が効かないことに対して、歯がゆさを感じた人は多いのではないでしょうか。ダイハツの信頼回復のためにはトヨタが調査委員会を設置したほうがよかったと思います。

今回の対応は、国内最大の企業がやったことだけに、まねをする会社が現れるのではないかと、少し心配です。

（1）ダイハツ工業第三者委員会、調査報告書、2023年12月20日、

（2）トヨタ自動車、「ダイハツ新体制について」、2024年2月13日、https://global.toyota/jp/newsroom/corporate/40434849.html

第12章 監査役監査・内部監査について

Q108 品質コンプライアンスに役立つ監査役ヒアリングとは?

A 監査役には、企業不祥事の未然防止が期待されています。監査役が監査で現場ヒアリングをするとき、「不正を隠していないか」という視点ではなく、現場の声を聞いて経営のひずみを見つける姿勢が重要です。簡単に言えば、経営が利益偏重で、現場にしわ寄せしていないかをヒアリングすることです。

例えば、経営陣が開発日程に関わっているプロジェクトで、開発日程が硬直化していないかを確認してほしいと思います。参考事例としては、第5章のQ58で説明した豊田自動織機の例があります。

製造部門なら部長にヒアリングするだけではなく、検査担当者にも人員や設備の問題がないかをヒアリングしてほしいものです。そのためには監査役室に部長を呼びつけるスタイルではなく、現場に出向いたほうがよいでしょう。

品質コンプライアンスのためには、従業員が相談に来やすく、問題があれば取締役に対してしっかりとものを言える監査役が理想です。

Q 109 品質コンプライアンスに有効な内部監査室の取り組み事例は？

A

内部監査室は苦手だという人が少なくありません。内部監査室は各部署の業務を点検するのが仕事なので、違反が見つかると面倒なことになるからです。現場としてはつい本音が出て、「社内ルールが煩雑すぎる」などと言うと、社内ルールを盾に取った内部監査室長から雷が落ちることもあります。このような内部監査室は憲兵のようなイメージを持たれても仕方がありません。何か問題が起きそうでも、内部監査室に相談に行く人はいないでしょう。

第2章のQ22で説明した緊急連絡網の事例のように、会社のルールが過剰なケースもあります。ルール違反を取り締まるだけではなく、社内ルールに無理がないかを現場の視点でチェックすることも必要です。内部監査室が日ごろから丁寧な対応をしていれば相談に来やすいでしょうが、待っているだけでは不十分です。

あるメーカーの内部監査室長は品質保証部出身です。この室長は社内の品質コンプライアンスを高めたいという思いのある人で、相談しやすい内部監査室づくりに取り組んでいます。誰もがふらっと立ち寄りやすいようにと、ドリンクや茶菓子などを用意しています。学校の保健室のような場所にしたいのでしょう。でも内部監査室という名前のせいか、遊びに来てくれる人があまりいないのが悩みとのことです。

この取り組みは、効果が表れるまで何年もかかるかもしれませんが、今後に期待していきます。この方向性で進めるなら、各製造拠点に出張して社食や休憩室の近くに相談コーナーを置くといった取り組みがあってもよいと思います。

会社の部署名は業務名を表すものなので、内部監査を行う部署は内部監査室（部）という組織名が付いています。しかし、硬い名称では人が近寄りにくいもの。品質コンプライアンスのための相談窓口とするなら、「なんでも相談室」のように柔らかい部署名でもよく、実質的に内部監査を担えばよいのではないでしょうか。そして、内部監査室長には憲兵タイプの人ではなく、現場思考のできる人を据えることが重要です。

Q110 内部監査部長の任期は何年くらいが適当か？

A

内部監査人の資格を持つ人は内部監査部に勤め続けることが一般的です。しかし内部監査部長は定期的にローテーションしないと、監査の視点が固定化します。加えて、執行部門から長く離れているとビジネス感覚を失うので、現場の仕事にも戻れなくなります。従って、内部監査部（室）長を5年以上務めるのは長すぎます。

内部監査部長がいつも同じ部署から昇進する傾向のある会社では、同部長の前任部署への監査が甘くなるという問題があります。現場の業務プロセスを管理してきている支店長や部長なら、誰でも内部監査部長が務まるはず。内部監査部長は2、3年で交代し、様々な部署の出身者が務めるのが理想です。

Q109で紹介したような内部監査室の改革に取り組む室長は、成果が表れるまで務めたいかもしれません。しかし、その方針は経営陣に認められているはずなので、後任の部長にしっかりと後を託し別の部署の改革に向かってほしいものです。

第13章 調査報告書を再発防止に生かすために

Q111 品質不正の調査報告書を役立てるための読み方のコツは？

A 品質不正の調査報告書は、品質保証関係者には貴重な教訓をもたらす資料ですし、投資家にとっては不正企業の経営者に対して議決権を行使すべきかを判断するための貴重な資料になります。いずれにせよ、調査報告書に期待される役割は非常に大きいものがあります。

一方で、第1章Q7で説明した通り、調査報告書は調査発注者免責の法則によって経営陣に不利なことを書かないので、もやのかかった部分が必ずあります。つまり、「書かれていない部分に真実がある」と考えるのが読み方の最大のコツです。しかし、そのもやに気づかれないように書くのが調査委員会の腕の見せどころですから、ほとんどの人は気づきません。そこで同章のQ5の不正構造仮説やQ7の調査発注者免責の法則に基づいて読むと、書かれていない部分に気づきやすくなります。

そんな調査報告書の活用を、品質保証部や内部監査部の人向けに考えてみます。他社の不正事案を自社のリスクシナリオに見立てて不正防止策を立てることは、社内のコンセンサスを得やすい点で実効的です。それだけに、数百ページにも及ぶ調査報告書を効率的に読みたいという人は多いはず。筆者も、調査報告書が公表された日にメディアから取材を受けることがあるので、効率的に読みたいという思いは同じです。そこで筆者は、以下のチェックポイントに注目して読むようにしています。

①調査委員会の体制
②不正が発覚したプロセス
③不正が行われたプロセス
④不正の原因分析
⑤再発防止策

①調査委員会の体制

Q114でも触れますが、まず会社関係者が調査委員になっていないかどうかをチェックします。社外・社内にかかわらず、役員が調査委員会に入っているケースでは、経営陣と調査委員会が調整しながら調査していると考えられるので、経営陣に甘い調査になっていると割り引いて読む必要があります。

②不正が発覚したプロセス

次に、不正の発覚が内部通報か、取引先や当局など外部からの指摘によるものかをチェックします。外部から指摘されたケースはもみ消せないので、会社は誠実に対応するはずですから、内部通報のケースでどのように対応したかがポイントになります。内部通報が速やかに経営陣に届かなかったとか、途中でもみ消されたとかあれば、それを自社のリスクシナリオに活用できます。しかし、この部分はガバナンスの機能不全が問われるため、触れていない報告書が少なくありません。

③不正が行われたプロセス

不正行為の具体的なプロセスは自社のリスクシナリオに活用できるので、自社の弱点をチェックしやすくなります。このポイントは、多くの人が注目していると思いますが、残念なことに、誰が担当者を不正に追い込んだのかについてはクリアになっていないケースが多いです。

④不正の原因分析

品質不正の原因は、第1章でしっかりと考えました。ただ、調査報告書では、経営陣による原因は「経営が生産偏重」というように総論的に指摘することが多く、具体的な言動までは言及しないことが多いと言えます。一方、現場の原因については、人事ローテーション、部署間の力関係と格差、パワハラなどをチェックしなければなりませんが、調査報告書では、人事の固定化以外の課題までは踏み込まないケースが多いと感じています。

⑤再発防止策

再発防止策は一番気になる部分ですが、どの調査報告書もほぼ同じ項目立てで、第2章のQ14にまとめた内容になっています。従って、具体的な対策に注目すると、参考になるところが見つかるときがあります。

現場向けの再発防止策は、手続きや負担が増えるものがほとんどです。その体力をどのように生み出すかまで書かれていれば参考になります。また現場向けの対策が多いときは、本質的な対策が抜けていることに気づきやすくなります。

Q 112 品質不正の調査報告書はどの程度信用できるか？

A 品質不正の調査報告書は、不正事案（製品）を確定することが重要な目的の一つです。これは顧客対応のためなので、この部分については調査結果を信用できると思います。不正行為の詳細についても、虚偽を書く理由がないので信用してもよいでしょう。

調査委員会を設置する目的は、不正の原因を解明し、再発防止策を立て、信頼回復を図ることです。しかし第1章のQ7で説明したように、経営陣を株主代表訴訟から守ることも重要な目的（調査発注者免責の法則）なので、「取締役の注意義務違反はなかった」という調査報告書がほとんどです。そのため、現場の調査だけで終わることが多く、不正の原因については業務ラインの上流側ほど抽象的に書かれます。

逆説的に言えば、もし調査報告書を読んできつねにつまされたように感じるなら、分析的に報告書を読んでいることになります。特に品質不正が数十年も続いていたケースでは、役員が過去に不正の部署に所属していた可能性がありますが、この点はほとんど調査されません。

例外的なケースは、神戸製鋼所の品質偽装事件（2017年）の調査報告書です[1]。30年以上も不正が続いていた本件の調査報告書では、2人の元役員（うち1人は元副社長）の過去に遡り、元副社長が担当者時代に不正を指示し、もう1人の元役員が不正を行っていたとしています。役員の経歴に遡って不正への関与を調査した点で珍しいケースです。

さらに、2017年当時の現役役員4人の過去に遡り、そのうち3人が工場長や執行役員のときに不正を認識していたとしています。役員の過去は調べる気さえあれば調べられるという好例です。その一方で、「過去の役員が不正に関わり、現役の役員が不正に関わっていなかった」とする結果には、不自然さを感じないわけではありません。

また、調査報告書が提出された状態と公表された状態が同じかどうか疑わしいケースがあります。第5章のQ53で説明したKYB[2]の検査不正の調査報告書では、「不正調査のための従業員アンケートを行った」と2ページも割いて詳細に説明しています。それによると、アンケートの対象者は国内7500人、海外1万1500人という大規模なもので、

①本件アンケートの内容と回答結果は以下の通りである

と書いています。ところが、調査報告書にはアンケートの文面しかなく、結果はどこを探しても見つかりません。さらに、

②アンケートの回収及び集計作業は、完了しておらず、今後も継続予定

とも書かれており、①と辻つまが合わないことにあぜんとします。もし②が真実ならば、なぜ、①で「回答結果は以下の通り」と書いたのか不思議でなりません。そしてなぜ、アンケート結果が未集計なのに調査報告書を提出できたのかもさっぱり分かりません。

ほとんどのケースでは、調査報告書は受領日に公表します。しかし、この報告書については受領日が2019年2月4日付なのに対し、KYBによる公表日は9日後の同年2月13日です。この間に、「アンケート結果の部分などが消されたのでは」と疑う人は少なくありません。

一般論として、「会社に不利なことは調査報告書には書かれていない」と考えておけば、ふに落ちないことがあっても悩むことが減ります。

（1）神戸製鋼所、当社グループにおける不適切行為に関する報告書、2018年3月6日.
（2）KYB外部調査委員会、免震・制振用オイルダンパーの検査工程等における不適切行為に関する調査報告書、2019年2月4日.

Q 113 調査発注者が調査されたケースはあるか？

A 日産自動車では2018年、当時の代表取締役だったG氏（元会長）とK氏が金融商品取引法[1]違反の疑いで逮捕されました。この問題についての調査報告書はG氏とK氏の不正報酬の実態を調査しているので、第1章のQ7で説明した調査発注者免責の法則の例外のように映りやすい事例ですが、見誤ってはなりません

同社には当時3人の代表取締役がいて、もう一人の代表取締役のS氏は社長で、この調査を発注した側のトップでした。調査報告書ではG氏とK氏の不正報酬だけを調査し、S氏については調査されなかったのです。**図表113-1**はこの状況をまとめたものです。

当時の日産自動車の経営トップはG氏（元会長）でしたが、逮捕されていたので調査を発注できる立場で

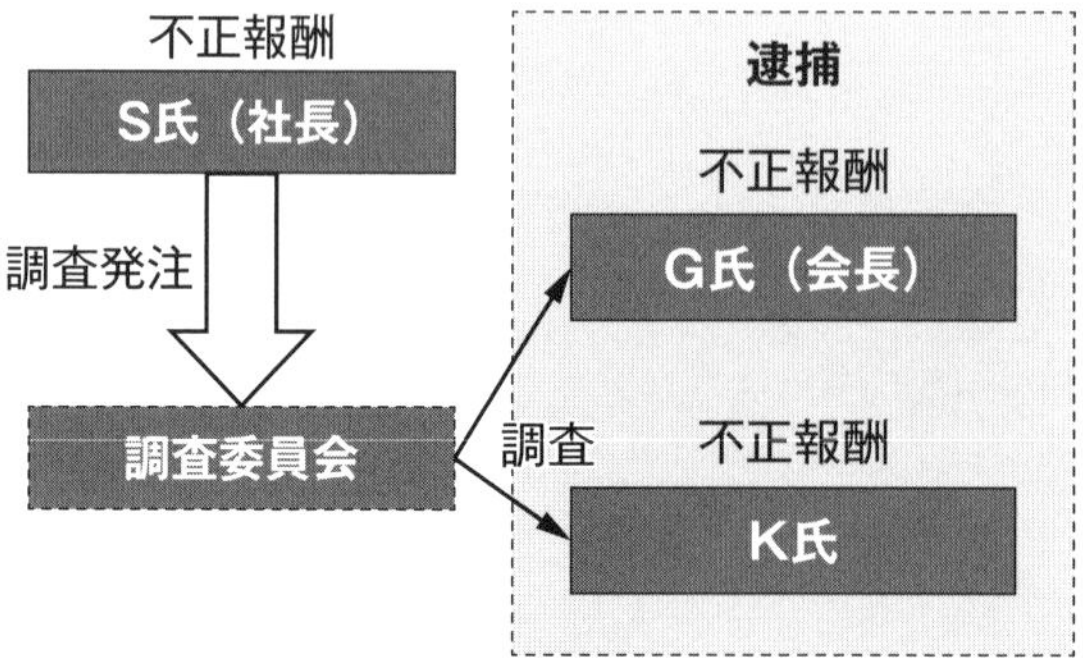

■ **図表113-1** 日産自動車の3人の代表取締役。調査発注者のS氏は調査されなかった。（出所：筆者）

はありません。従って、この調査報告書でも調査発注者免責の法則が成り立っています。その後、S氏自身も不正報酬を得ていたことが発覚し、辞任しました。

経営トップが主導する不正といえば粉飾決算が多く、不正の発覚と同時に経営者が交代することがあります。この場合は、新経営陣が調査を発注するので、調査報告書は元経営トップの責任を厳しく調査します。旧経営陣の一部が新経営陣に残ることはよくあることですが、その人の責任について調査されることはまずありません。この場合も、調査発注者は新経営陣なので、調査発注者免責の法則が成り立ちます。

(1) 日産自動車ガバナンス改善特別委員会、報告書、2019年3月27日.

Q 114 調査報告書をうのみにできないのは、第三者委員会がビジネスで調査しているからか?

A

筆者の講演では、品質不正の調査報告書の内容を紹介することが多いため、調査報告書をうのみにしているわけではないと断りを入れます。その理由は、不正調査が営利企業のビジネスとして行われているので、調査に中立性を期待できないからです。これを受けて、このような質問が出ることがあります。

この質問をした人に限らず、世の中の多くの人は、品質不正の調査委員会を公的な委員会のように勘違いしているようです。メディアから取材を受けているときも、記者も同じ勘違いをしていると感じることがあります。調査委員会に対し過剰に期待しているようです。

特に第三者委員会と銘打った委員会は、社会が期待する「第三者」の意味とは随分違います。調査委員が所属している法律事務所や会計事務所が不正企業やそのグループ会社と過去に取引関係があっても、一般の人には分かりません。不正企業の社外役員が第三者委員会に入っていることもあります。社外役員といっても経営責任が問われるはずで、株主代表訴訟の対象になる立場の人です。この人が第三者かどうかは、企業側が決めただけにすぎません。

また、委員の報酬を比較しても、公的な委員会と不正調査の委員会では全く違います。例えば、つくばみらい市のWebサイトを見ると[1]、学校のいじめ問題の調査委員会の日当が公表されています。それによると、周辺自治体の委員の日当は6000～2万5000円で、委員長が1万1900～3万円です。この報酬なら、自治体（調査発注者）に気を遣うレベルではないので、自治体に対して中立的な調査を期待できます。

一方、企業不正の調査委員会は、弁護士が担当することが多く、その時間単価はキャリアによって4万5000～6万円程度と考えられます。日本弁護士連合会（日弁連）の第三者委[2]

員会ガイドラインでは、「報酬は時間制を原則とする」とし、「調査にかかった時間分を請求すべきだ」という考え方を示しています（以前は日弁連のWebサイトに弁護士の報酬単価が公表されていましたが、2021年ごろから公表されなくなりました）。ある弁護士は私的な立場で、「1人でできるヒアリングでも、3人でやれば3人分請求できる」と嘆いていました。

1時間5万円で1日6時間働くとすると、日当は30万円、1人月の単価（20日）は600万円です。比較として、ソフトウエアの受託開発ビジネスでは、プログラマーやシステムエンジニアの月単価が100万～300万円。この単価で営利ビジネスが成立していることを考えれば、不正調査は通常のビジネスよりもはるかにもうかるビジネスと言えます。

不正調査を40人体制で4カ月間する場合、月単価600万円で単純計算すれば、調査費用の総額は9億6000万円です。企業不正の調査費用に10億円かかると言われるわけです。不正企業の経営者（調査発注者）は重要なクライアントですから、経営者の意向に沿った調査になることは仕方がないのです。

もちろん、この状況に警鐘を鳴らす弁護士も少なくありません。不正調査がビジネスだから悪いというのではなく、中立・公正な仕事であるかのような幻想を抱かなければよいだけのことです。技術者の皆さんにお伝えしたいのは、社内の力学によって品質不正に巻き込まれたときに、「いつか調査委員会が真因を解明してくれる」などと、決して甘い期待を抱いてはならないということです。

（1）つくばみらい市、「近隣市町におけるいじめ調査委員会等の報酬額等について」、https://www.city.tsukubamirai.lg.jp/data/doc/1610021362_doc_3_0.pdf

（2）日本弁護士連合会、企業等不祥事における第三者委員会ガイドライン、2010年12月17日.

おわりに

講演先で出会った経営者や技術者の皆様は真摯な人ばかりでした。貴重な意見や質問をしてくださった皆様に深く感謝します。

本書の書籍化には、日経ＢＰの荻原博之氏はじめ関係者の方から多大なご協力とご助言を頂きました。皆様にお礼申し上げます。

経営者の方は不正の温床をなくすことに取り組み、技術者の皆様は言うべきことを言う勇気を持ってほしいと思います。本書がそのような人たちに少しでも役立てば幸いです。

著者紹介

安岡孝司（やすおか・たかし）

1985年みずほ情報総研（旧富士総合研究所）入社。金融技術開発部部長などを経て、2009年芝浦工業大学大学院工学マネジメント研究科教授（2019年まで）。社会人学生向けに企業リスク管理、企業財務、財務分析、金融工学などの講義・演習を担当。大阪大学理学部数学科卒、神戸大学大学院理学研究科修了、九州大学大学院数理学研究科修了。博士（数理学、九州大学）。著書に『製造現場を守る7箇条ストップ品質不正』（日経BP）、『企業不正の調査報告書を読む』（日経BP）、『企業不正の研究』（日経BP）、『LINEとメルカリでわかるキャッシュレス経済圏のビジネスモデル』（日経BP）、『債券投資のリスクとデリバティブ』（大学教育出版）、『市場リスクとデリバティブ』（朝倉書店）、『戦略的技術経営入門』（芙蓉書房出版、共著）、『Corporate Fraud in Japan』（Cambridge Scholars Publishing）、『Interest Rate Modeling for Risk Management』（Bentham Science Publishers）などがある。

超・品証へ 品質コンプライアンス実践ガイド

2024年9月2日 第1版第1刷発行

著者 安岡孝司
発行者 浅野祐一
発行 株式会社日経BP
発売 株式会社日経BPマーケティング
〒105-8308 東京都港区虎ノ門4-3-12
ブックデザイン Oruha Design（新川春男）
制作 美研プリンティング株式会社
印刷・製本 TOPPANクロレ株式会社

ISBN978-4-296-20500-4 Printed in Japan